山东省农村公路建设与养护技术指南丛书

Shandong Sheng Nongcun Gonglu Jianshe yu Yanghu Jishu Zhinan

山东省农村公路建设与养护技术指南

Di-wu Fence　Jiaotong Anquan Sheshi

第五分册　交通安全设施

山东省交通运输厅

人民交通出版社股份有限公司
China Communications Press Co.,Ltd.

内 容 提 要

本书为《山东省农村公路建设与养护技术指南》交通安全设施分册，系在现行相关标准、规范基础上，总结山东省多年实践经验及成果编制而成，内容涉及农村公路标志、标线、护栏以及其他安全设施的施工、养护技术等。本指南对于规范农村公路交通安全设施设计、施工与养护、改善全省农村公路出行安全条件，有很好的指导作用。

本书适用于山东省农村公路新建、改建工程的交通安全设施工程，也可供其他省份相关管理与技术人员参考使用。

图书在版编目(CIP)数据

山东省农村公路建设与养护技术指南. 第5分册，交通安全设施 / 山东省交通运输厅组织编写. — 北京 : 人民交通出版社股份有限公司，2014.11

ISBN 978-7-114-11859-3

Ⅰ. ①山… Ⅱ. ①山… Ⅲ. ①农村道路—道路建设—山东省—指南②农村道路—公路养护—山东省—指南③农村道路—交通运输安全—交通设施—山东省—指南 Ⅳ. ①U41-62

中国版本图书馆 CIP 数据核字(2014)第 275109 号

山东省农村公路建设与养护技术指南丛书

书　　名：山东省农村公路建设与养护技术指南　第五分册　交通安全设施

著 作 者：山东省交通运输厅

责任编辑：郑蕉林　李　娜

出版发行：人民交通出版社股份有限公司

地　　址：(100011)北京市朝阳区安定门外外馆斜街3号

网　　址：http://www.ccpress.com.cn

销售电话：(010)59757973

总 经 销：人民交通出版社股份有限公司发行部

经　　销：各地新华书店

印　　刷：北京市密东印刷有限公司

开　　本：880×1230　1/16

印　　张：3.5

字　　数：68千

版　　次：2016年1月　第1版

印　　次：2016年1月　第1次印刷

书　　号：ISBN 978-7-114-11859-3

定　　价：18.00元

山东省交通运输厅关于发布《山东省农村公路建设与养护技术指南(试行)》的通知

鲁交建管函〔2015〕25号

各市交通运输局(委)、厅直有关单位:

为进一步加强全省农村公路技术支持和业务指导,提升农村公路建设和养护工作水平,经省厅研究同意,现发布《山东省农村公路建设与养护技术指南(试行)》,自2016年1月1日起执行。

请各有关单位在实践中注意积累资料,总结经验,及时将发现问题和修改意见函告省厅建设管理处(地址:济南市市中区舜耕路19号,邮编:250002,电话:0531-85693057),以便修订时研用。

山东省交通运输厅

2015年12月11日

前　　言

农村公路是支撑农业和农村经济社会发展的重要基础设施，加快农村公路建设是改善农村生产、生活条件，发展农村经济，解决“三农”问题的基础和前提。农村公路的建设对于推动农村经济社会又好又快发展具有极其重要的现实意义和深远的历史意义。

加快农村公路建设是山东省“十三五”交通工作的重要组成部分。为了提高农村公路建设养护技术水平，确保农村公路建设和服务质量，山东省交通运输厅结合本省农村公路建设和养护实际情况组织编写了本书。

本书全面系统地介绍了农村公路安全设施施工和养护技术的基本知识、技术要点。全书内容涵盖了农村公路标志、标线、护栏以及其他安全设施的施工、养护技术等方面。本书内容丰富、图文并茂、重在实用性和可操作性，主要供基层公路施工管理、技术人员使用。

在本书编写过程中，尽管我们作了很大努力，但由于全省各地区差异很大，很难全面吸收各单位的新工艺、新技术、新设备、新材料以及相关实用技术，加之作者水平有限，经验不足，时间紧迫，疏漏和错误之处在所难免，敬请读者批评指正。

主编单位：山东省交通规划设计院、山东交通学院、山东大学

主要编写人员：毕玉峰、刘振广、杨玉涛、庞传琴、李超、孟涛、张宏博、宋修广、刘培刚、刘伟、马川义、王健、陆岩、王玉兰、李春良

主要编审人员：于洪亮、高立平、张晓虎、王林、侯德藻、贾强、古成浩

主要技术支持人员：姚福林、胡振虎、赵子义、黄绍锋、王建华、张　浩、邵学良、孙开森、许维智、张世武、赵　勇、王焕杰、刘　波、姜晓艳、张广池、刘亚坤、郭启锋、王杰伟、钟竹林、郭忠启、陈祥金、卜照传、陈建华、郭　英、类延军、贾大新、刘东海、荆平平、田身泉、朱子坤、贾兵厂、张玉珊、高　辉

编　者

2015 年 12 月

目　　录

第1章　总则

1.1　目的

为加强山东省农村公路建设与养护的技术指导，改善全省农村公路出行安全条件，根据相关技术规范，结合山东省农村公路建设实际，制定本指南。

1.2　适用范围

本指南适用于新建、改建及完善山东省县道、乡道、村道等各级农村公路的交通安全设施工程。

1.3　编制依据

(1)《公路工程技术标准》(JTG B01—2014)。
(2)《公路交通安全设施设计细则》(JTG/T D81—2006)。
(3)《道路交通标志和标线》(GB 5768—2009)。
(4)《公路工程质量检验评定标准　第一册　土建工程》(JTG F80/1—2004)。
(5)《道路交通标志板及支撑件》(GB/T 23827—2009)。
(6)《道路交通反光膜》(GB/T 18833—2012)。
(7)《路面标线涂料》(JT/T 280—2004)。
(8)《公路波形梁钢护栏》(JT/T 281—2007)。
(9)《公路三波形梁钢护栏》(JT/T 457—2007)。
(10)《轮廓标》(GB/T 24970—2010)。

1.4　总体要求

(1)农村公路交通安全设施，包括护栏、交通标志、交通标线、视线诱导设施等。

(2)农村公路交通安全设施，应结合路网与公路功能、公路等级、交通量、公路环境、运营条件进行总体设计，交通安全设施之间、交通安全设施与公路主体工程和其他设施之间应互相协调、配合使用。

(3)农村公路交通安全设施,应坚持“安全、环保、舒适、和谐”的理念,注重公路出行的安全性、方便性、舒适性、愉悦性,体现“以人为本、安全至上”的指导思想。

(4)农村公路交通安全设施,应考虑路面加铺、罩面等因素的影响。

(5)农村公路交通安全设施,应根据公路功能、交通组成、公路环境、运营条件等设置,以满足交通安全管理与服务的需求。

(6)农村公路路侧安全净区内设置有交通标志、可变信息标志、照明灯等。在不能采取能使车辆安全穿越的措施时,应按护栏设置原则设置路侧护栏。

(7)在满足安全和使用功能的条件下,应积极而慎重地采用新技术、新材料、新工艺、新产品。

(8)改建工程交通安全设施应结合改建后的公路功能、交通组成、公路环境、运营条件等进行。

(9)农村公路交通安全设施,除应符合本指南外,还应符合国家现行有关标准、规范的规定。

第2章　术语

2.1　护栏

护栏是一种纵向吸能结构，通过自体变形或车辆爬高来吸收碰撞能量，从而改变车辆行驶方向、阻止车辆越出路外或进入对向车道，最大限度地减少对驾乘人员的伤害。按其在公路中的纵向设置位置，可分为路基护栏和桥梁护栏；按其在公路中的横向设置位置，可分为路侧护栏和中央分隔带护栏；根据碰撞后的变形程度，可分为刚性护栏、半刚性护栏和柔性护栏。

2.2　路基护栏

路基护栏是指设置于路基上的护栏。

2.3　桥梁护栏

桥梁护栏是指设置于桥梁上的护栏。

2.4　路侧护栏

路侧护栏是指设置于公路路侧建筑限界以外的护栏，以防止失控车辆越出路外或碰撞路侧构造物和其他设施。

2.5　刚性护栏

刚性护栏是指一种基本不变形的护栏结构。混凝土护栏是其主要代表形式，由一定形状的混凝土块相互连接而组成墙式结构，通过失控车辆碰撞后爬高并转向来吸收碰撞能量。

2.6　半刚性护栏

半刚性护栏是一种连续的梁柱式护栏结构，具有一定的强度和刚度。波形梁护栏是其主要代表形式，由相互拼接的波纹状钢板和立柱构成连续梁柱结构，利用土基、立柱、波纹状钢板的变形来吸收碰撞能量，并迫使失控车辆改变方向。

2.7　柔性护栏

柔性护栏是一种具有较大缓冲能力的韧性护栏结构。缆索护栏是其主要代表形式，由数根施加初拉力的缆索固定于端柱上而组成钢缆结构，主要依靠缆索的拉应力来抵抗车辆的碰撞荷载，吸收碰撞能量。

2.7.1　端部结构

端部结构是指缆索护栏的起终点锚固装置，包括端柱、斜撑、索端锚具和混凝土基础。

2.7.2　中间端部结构

中间端部结构是指连续设置缆索护栏超过一定长度时所设置的中间延长锚固装置。

2.7.3　中间立柱

中间立柱是指设置于端部或中间端部之间用于固定缆索的立柱。

2.7.4　托架

托架是指安装于立柱上支撑并固定缆索的装置。

2.7.5　索端锚具

索端锚具是指固定于端部或中间端部用来锚定缆索的装置。

2.8　护栏标准段

护栏标准段是指某种护栏断面结构形式保持不变，并在一定长度范围内连续设置的结构段。

2.9　护栏过渡段

护栏过渡段是指在两种不同护栏断面结构形式之间平滑连接并进行刚度或强度过渡的专门结构段。

2.10　护栏渐变段

护栏渐变段是指设置于护栏外移端头与标准段之间进行线形平滑过渡的结构段。

2.11　护栏端头

护栏端头是指护栏标准段开始端或结束端所设置的端部结构。

2.12　路侧安全净区

路侧安全净区是指公路行车方向最右侧车行道以外、相对平坦、无障碍物、可供失控车辆重新返回正常行驶路线的带状区域。

2.13　轮廓标

轮廓标是指沿公路土路肩设置的,用以指示公路方向、车行道边界的视线诱导设施。

第3章　标志

道路交通标志是以颜色、形状、字符、图形等向道路使用者传递信息，用于管理交通的设施。

3.1　标志分类及支撑方式

3.1.1　标志分类

交通标志按其作用分为主标志和辅助标志两大类。主标志包括警告标志、禁令标志、指示标志、指路标志、旅游区标志、作业区标志、告示标志；辅助标志是附设在主标志之下，对其进行辅助说明的标志。

3.1.2　支撑方式

标志支撑方式分为柱式（单柱式、双柱式）、悬臂式、门架式、附着式。标志支撑方式在能满足条件的情况下尽量采用单柱式，也可利用路侧山石采用附着式。

永久性交通标志的任何部分均不得侵入公路建筑限界以内，路侧柱式、附着式安装高度（标志板下缘距路面）一般为150～250cm。悬臂式、门式安装高度应符合公路建筑限界的净空要求。路侧安装的标志板下缘至路面的高度，可根据是否妨碍行人活动或板面信息是否被遮挡而定，无行人活动的路侧标志可取下限，临时性标志不受此限。柱式安装标志板的内缘、悬臂标志和门式标志的立柱内边缘距土路肩边缘的距离不应小于25cm（土路肩硬化的以硬化路面外边缘计）。设置于桥梁上的交通标志，受空间或力学条件的限制，其立柱基础可与混凝土护栏一体，但需作特殊处理。

3.2　标志颜色、形状和尺寸

农村公路主要涉及的交通标志为：禁令标志、警告标志、指路标志、指示标志、辅助标志等。

3.2.1　禁令标志

禁令标志是指禁止或限制车辆、行人交通行为的标志，如图3-1所示。

禁令标志的颜色为白底、红圈、红杠、黑图案。图案压杠。形状为圆形、八角形、顶角向下的等边三角形。尺寸如图 3-2 所示,尺寸与计算行车速度的关系见表 3-1。

图 3-1　禁令标志示例

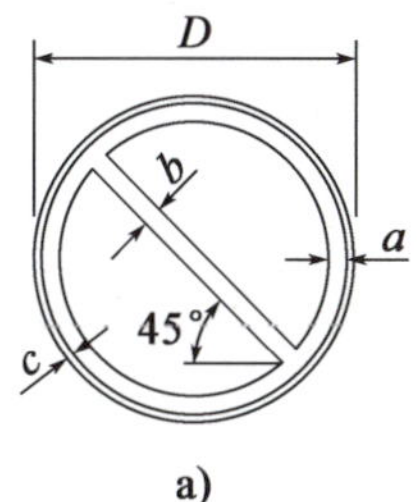

a)

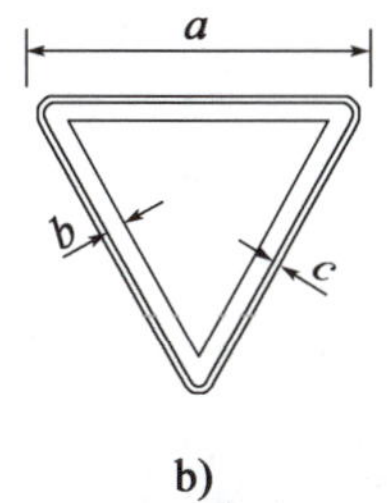

b)

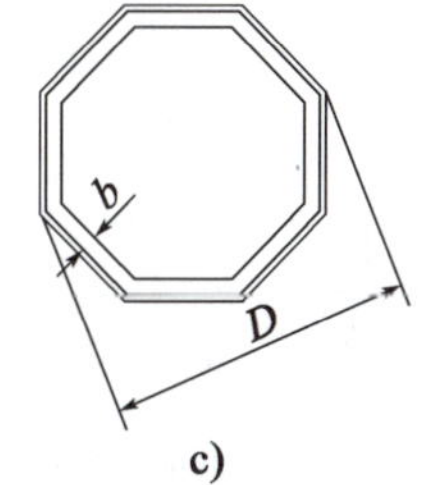

c)

图 3-2　禁令标志尺寸

禁令标志尺寸与速度的关系　　表 3-1

计算行车速度(km/h)		71 ~ 99	40 ~ 70	<40
圆形标志(cm)	标志外径 D	100	80	60
	红边宽度 a	10	8	6
	红杠宽度 b	7.5	6	4.5
	衬边宽度 c	0.8	0.6	0.4
三角形标志(减速让行标志)(cm)	三角形边长 a	—	90	70
	红边宽度 b	—	9	7
	衬边宽度 c	—	0.6	0.4
八角形标志(停车让行标志)(cm)	标志外径 D	—	80	60
	白边宽度 b	—	3	2

3.2.2　警告标志

警告标志是指警告车辆、行人注意道路交通的标志,如图 3-3 所示。

警告标志的颜色为黄底、黑边、黑图案。形状为等边三角形,顶角朝上。尺寸如图 3-4

图 3-3　警告标志示例

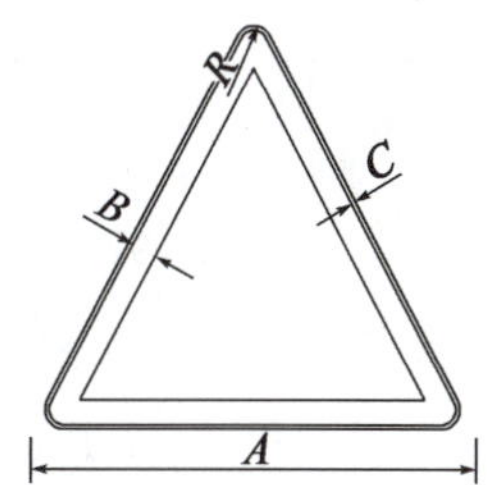

图 3-4　警告标志尺寸

所示,尺寸与计算行车速度的关系见表 3-2。

警告标志尺寸与计算行车速度的关系　　表 3-2

计算行车速度(km/h)	100 ~ 120	71 ~ 99	40 ~ 70	<40
三角形边长 A(cm)	130	110	90	70
黑边宽度 B(cm)	9	8	6.5	5
黑边圆角半径 R(cm)	6	5	4	3
衬底边宽度 C(cm)	1	0.8	0.6	0.4

3.2.3　指路标志

指路标志是指传递道路方向、地点、距离信息的标志,如图 3-5 所示。

图 3-5　指路标志示例

指路标志的颜色为蓝底白图案,形状一般为长方形和正方形。文字大小和尺寸如图 3-6 所示,文字高度与计算行车速度的关系见表 3-3。

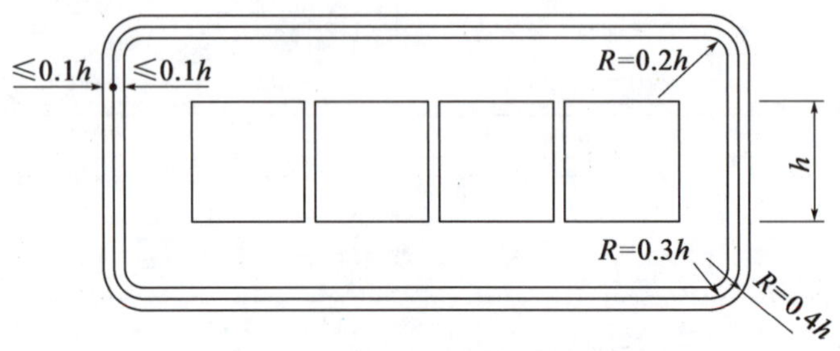

图 3-6　指路标志尺寸

文字高度与计算行车速度的关系　　表 3-3

速度(km/h)	71 ~ 99	40 ~ 70	<40
文字高度(cm)	50 ~ 60	35 ~ 50	25 ~ 30

3.2.4　指示标志

指示标志是指指示车辆、行人应遵循的标志,如图 3-7 所示。

指示标志的颜色为蓝底、白图案。形状分为圆形、长方形和正方形。尺寸如图 3-8 所示,尺寸与计算行车速度的关系见表 3-4。

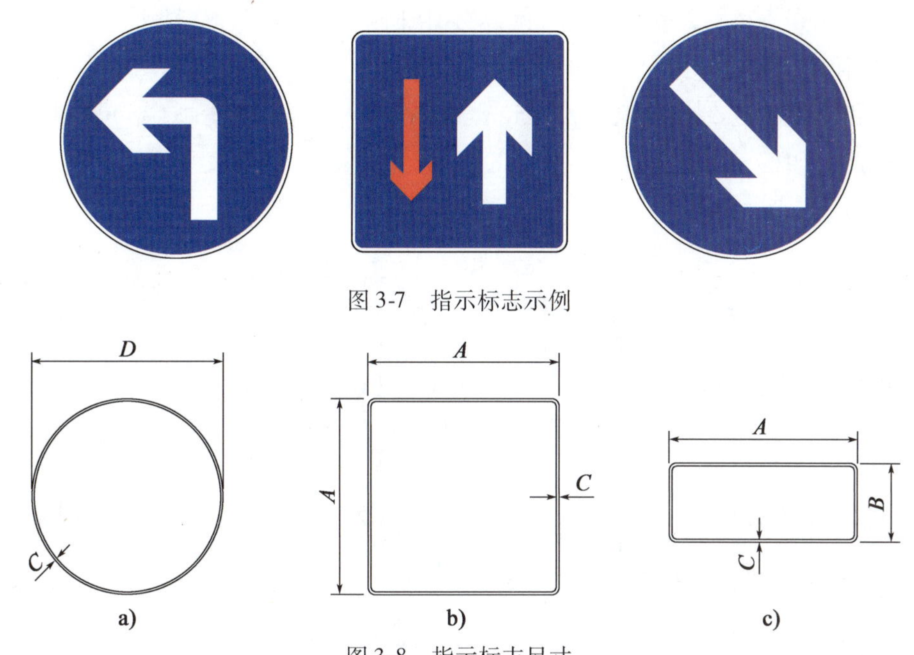

图 3-7　指示标志示例

图 3-8　指示标志尺寸

指示标志尺寸与计算行车速度的关系　　表 3-4

计算行车速度(km/h)	100 ~ 120	71 ~ 99	40 ~ 70	<40
圆形(直径)D(cm)	120	100	80	60
正方形(边长)A(cm)	120	100	80	60
长方形(边长)$A \times B$(cm × cm)	190 × 140	160 × 120	140 × 100	—
单行线标志(长方形)$A \times B$(cm × cm)	120 × 60	100 × 50	80 × 40	60 × 30
会车先行标志(正方形)A(cm)	—	—	80	60
衬边宽度 C(cm)	1	0.8	0.6	0.4

3.2.5　辅助标志

辅助标志是指附设在主标志下,对其进行辅助说明的标志,如图 3-9 所示。

图 3-9　辅助标志示例

辅助标志的颜色为白底、黑字(图形)、黑边框、白色衬边。形状为矩形。尺寸、代号同指路标志。

3.2.6　里程碑、百米桩、界碑

县道、乡道均应设置里程碑和百米桩。字体颜色为黑色,其余地上部分为白色。

里程碑采用 C25 钢筋混凝土预制,里程碑上的文字为正反两面设置,刻字深度为 0.5cm,里程碑外露部分需刷白色油漆,文字颜色参照《道路交通标志和标线 第 2 部分:

道路交通标志》(GB 5768.2—2009)。具体要求和尺寸如图 3-10 所示。

百米桩采用 C25 钢筋混凝土预制,设置在路肩上,其内侧距路肩边缘 25cm,百米桩上的数字为正反两面设置,刻字深度为 0.5cm,百米桩外露部分需刷白色油漆,文字颜色参照《道路交通标志和标线 第 2 部分:道路交通标志》(GB 5678.2—2009)。具体要求和尺寸如图 3-11 所示。

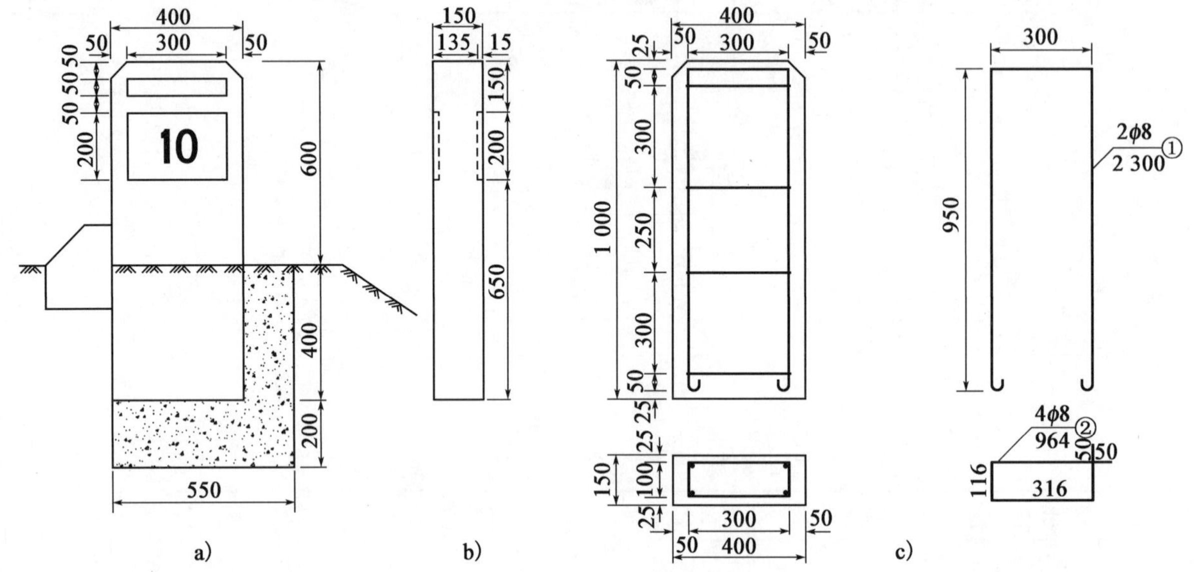

图 3-10　里程碑设计图(尺寸单位:cm)

a)里程碑立面图;b)里程碑侧面图;c)里程碑钢筋布置图

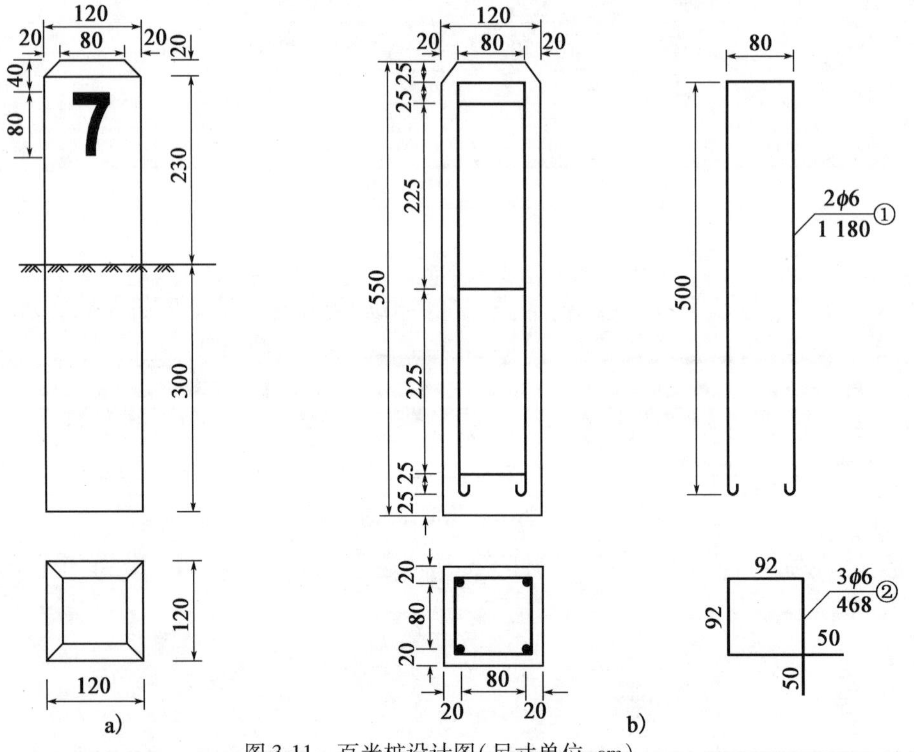

图 3-11　百米桩设计图(尺寸单位:cm)

a)百米桩构造图;b)百米桩钢筋布置图

公路界碑采用 C25 钢筋混凝土预制,公路界碑设置在公路两侧用地范围分界线上,每隔 200m 设置一块，公路界碑在向路及背路面上刻字，字深 0.5cm。公路界碑外露部分需刷油漆，白底黑字。具体要求和尺寸如图 3-12 所示。

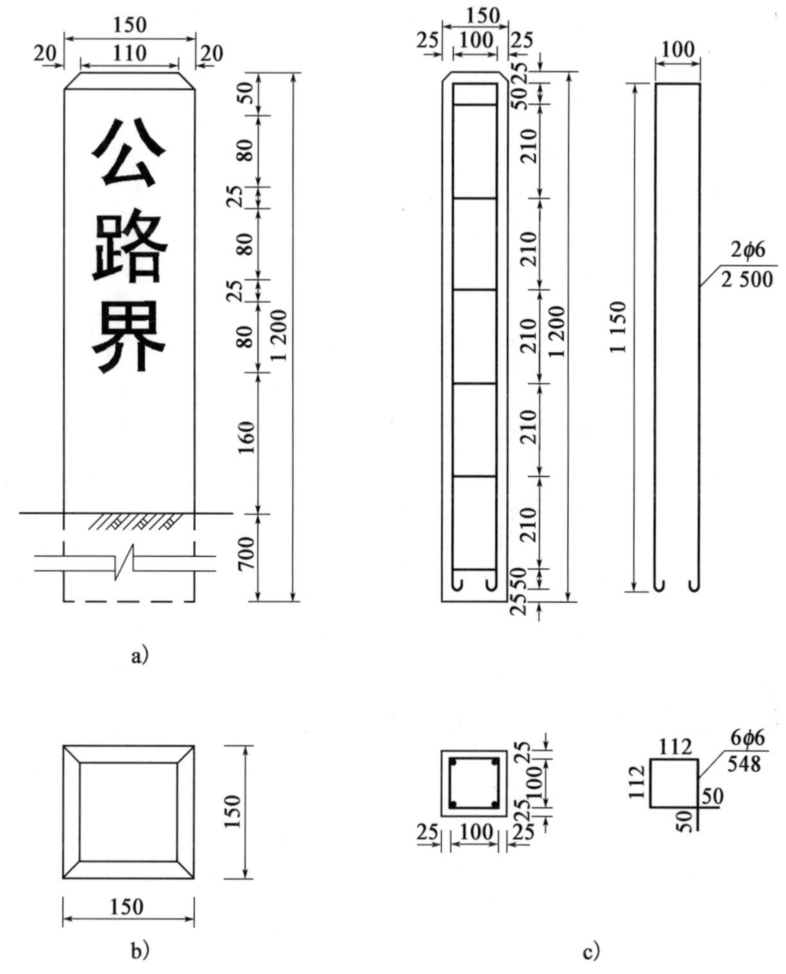

图 3-12　公路界碑设计图（尺寸单位：cm）

a）公路界碑立面；b）公路界碑平面；c）公路界碑钢筋布置

里程碑、百米桩及公路界碑安装的观感质量，关键在于根据公路线形和尺寸进行安装施工放线。里程碑、百米桩及公路界碑的安装，应与路线与公路线形相协调，不仅应能起到示警作用，而且对整个公路可以起到装饰效果。安装首先应保证基础牢固，否则应进行置换处理。安装前，根据不同位置的高程要求，在桩上刻出埋置深度位置线，用仪器设备和目测相结合以及事先测设的控制线的方法，使桩的立面与公路曲线协调一致；然后进行稳定牢固施工处理，确保其在使用过程中美观耐用。

3.3　标志材料

3.3.1　标志板

交通标志板可采用铝合金板、挤压成型的铝合金型材、薄钢板、合成树脂类板材等制造。所用材料应符合现行《道路交通标志板及支撑件》（GB/T 23827—2009）的规定，厚度应根据计算确定。当经济条件制约时，小型的警告标志、禁令标志可采用石块、木板、砖砌体、混凝土等简易材料。标志板面材料见表3-5。

标志板面材料适用条件　　表3-5

材 料 类 别	适 用 条 件
铝合金	大型指路标志板面
合成树脂类(如玻璃钢)	小型的警告标志、禁令标志、村牌指示、线形诱导标志
其他简易材料(木板、混凝土)	小型的警告标志、禁令标志、村牌指示

3.3.2　反光材料

公路交通标志板均应采用符合现行《道路交通反光膜》(GB/T 18833—2012)中反光膜或其他逆反射材料制作的要求。

考虑到反光性能对道路交通安全的影响,二、三级公路的交通标志宜采用Ⅳ类、Ⅲ类反光膜,四级及以下等级公路宜采用Ⅲ类、Ⅱ类反光膜。

悬臂式等悬空类交通标志,宜采用比路侧交通标志更高等级的反光膜。

在非铝板(如木材、石头、混凝土等)表面贴反光膜,应选用适用于粗糙多孔材料专用的反光膜材料,确保粘贴牢固可靠,遇水不发生剥离。

3.3.3　支撑结构

交通标志的立柱、横梁等,可采用钢管、H型钢及槽钢等材料制作,钢管顶端应设置柱帽。钢构件应采用防腐处理。

交通标志,应设置钢筋混凝土基础。位于桥梁段的单柱式交通标志可采用钢结构附着在桥梁上。

3.4　标志设置

3.4.1　组合标志设置顺序

禁令、指示、警告标志在一个支撑结构上并设时,应按禁令、指示、警告的顺序,先上后下、先左后右地排序。

3.4.2　警告标志宜与辅助标志组合使用

连续下坡、连续弯道等警告标志,宜通过设置辅助标志的形式提示特征路段的长度,为驾驶员提供更详细的道路状况信息。

3.4.3　限高、限重、限轴重、桥梁限载标志

农村公路存在车辆的宽度、高度、重量超过公路设施限度而禁止或限制通行的路段,应在限制路段前适当位置设置限宽、限高、限制总重或限制轴重标志。此外,在通往限制路段最后一个可供绕行的交叉路口,宜根据路线上限制路段的情况,设置相应的禁令标

志,避免车辆在限制路段前被迫返回。

如果车辆高度限制路段限高值大于4.2m,可不在限制路段前交叉路口设置限高标志。

3.4.4 限速标志

(1)限速值确定

①农村公路一般路段限速值宜取路段运行速度,没有道路中心线的公路限速值宜取40km/h。

②急弯、陡坡、视距不良等路段宜取道路的设计速度值。

(2)限速标志设置

①干线公路驶入农村公路的入口以及村庄路段应设置限速标志。

②急弯、陡坡、视距不良路段可根据实际需要设置限速标志。

③局部限速的路段应在起点和终点分别设置限速标志和解除限速标志,不设置解除限速标志时应直接设置下一路段的限速标志。

④根据公路实际情况,限速标志可增加辅助标志,说明限速路段范围。

3.5 事故易发路段处标志设置

干线公路相对于高速公路,有以下特点:不封闭,行人和车辆可以随便上下,与沿线城镇、村庄交通出行密切相关;存在陡坡、急弯、过水路等诸多危险因素。在干线公路的主线上,应及时设置危险路段及危险点警示标志,提醒过往车辆及行人注意交通安全。力求通过警告标志的设置将交通事故的发生率降至最低。

3.5.1 村庄处标志设置

当道路沿线经过村庄时,应结合公路线形、沿线村庄分布、建筑物距离公路远近及驾驶者视距等情况综合设置标志。道路前方有不易发现的村庄时,应设置村庄标志;道路交通量较大时,应结合限速标志设置。

3.5.2 行人密集处标志设置

当道路经过村镇街道化路段,行人较为密集,且驾驶者不易发现人行横道线的位置时,应设置注意行人标志,提醒驾驶员注意行人过街安全。根据具体情况,标志底膜可采用荧光黄绿色。

3.5.3 小学、幼儿园等处标志设置

当道路沿线经过小学、幼儿园等处时,应综合考虑标志标线的设置,做到及时提醒驾驶者减速慢行,注意儿童的出行安全。在道路沿线学校及幼儿园的两侧设置注意儿童标志,并配以相应的人行横道线或者是减速振荡标线。注意儿童标志底膜宜采用醒目的荧

光黄绿色。小学、幼儿园处标志设置示例如图3-13所示。

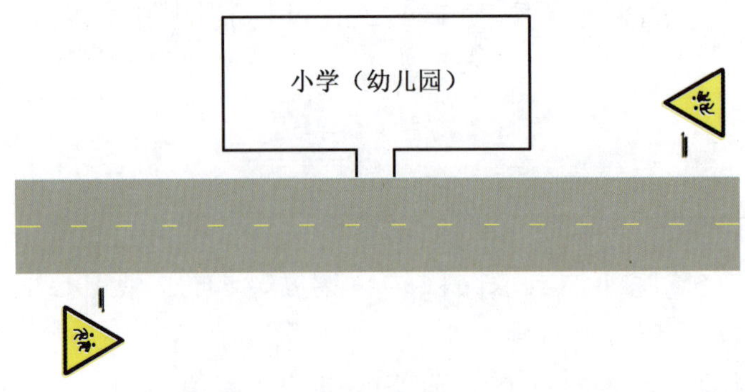

图3-13　小学、幼儿园处标志设置示例

3.5.4　急弯、连续弯及反向弯路路段标志设置

有些公路部分路段的线形受道路等级、经济条件、地形条件以及其他因素的制约，存在急弯、连续弯和反向弯路的路段，对于道路交通安全具有一定的隐患，往往是一些事故的频发地。为减少事故的发生，应在上述路段设置相应的急弯路警告标志、连续弯路警告标志、反向弯路警告标志及线形诱导标志。

(1)急弯路标志。在长直线末端且车辆实际速度较高的路段，应根据运行速度确定急弯路标志的设置标准和设置位置。对于易受路侧绿化及建筑物遮挡的情况，可设置线形诱导标志。急弯路标志设置示例如图3-14所示。

(2)反向弯路标志。道路上两相邻反向圆曲线半径均小于或其中一个圆曲线半径小于规定值，或通视视距不能满足要求时应设置反向弯路标志。对于易受路侧绿化及建筑物遮挡的情况，可设置线形诱导标志。反向弯路标志设置示例如图3-15所示。

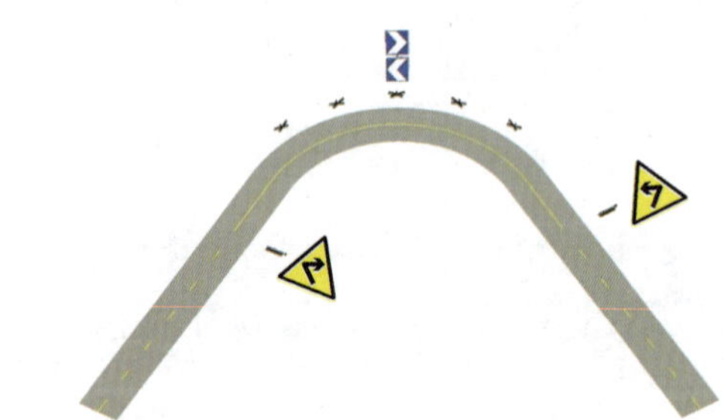

图3-14　急弯路标志设置示例

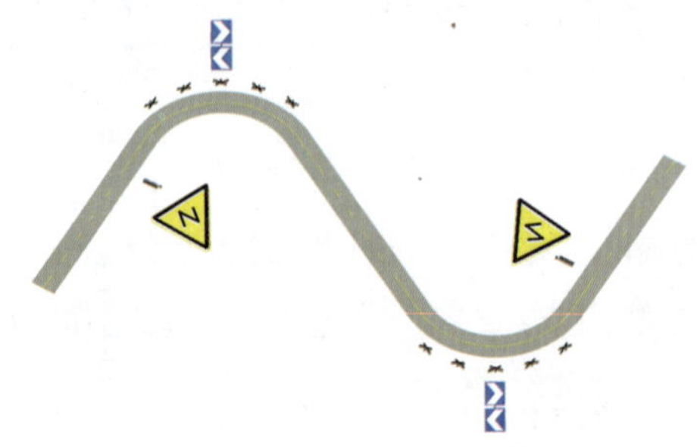

图3-15　反向弯路标志设置示例

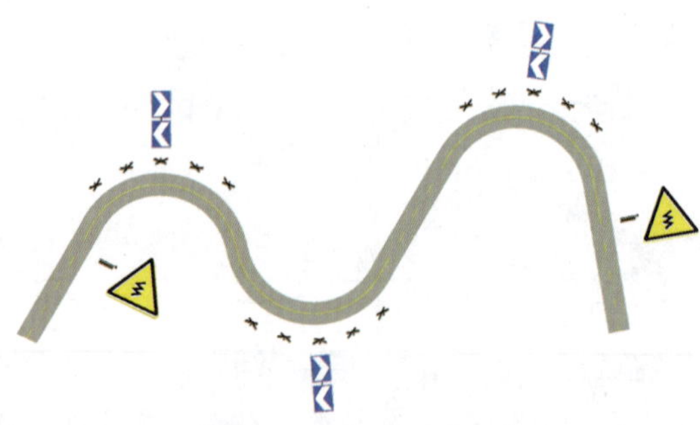

图3-16　连续弯路标志设置示例

(3)连续弯路标志。道路上连续有三个或三个以上反向平曲线，其圆曲线半径均小于或有两个半径小于规定值，或通视视距不能满足要求时应设置连续弯路标志。对于易受路侧绿化及建筑物遮挡的情况，可设置线形诱导标志。连续弯路标志设置示例如图3-16所示。

上述示例仅设置了弯路警告标志及线形诱导标志，在实际应用过程中，可同时结合道路等级、路侧通视情况、曲线半径的大小等情况合理设置其他禁令及辅助标志。如对于道路等级较高、车流量较大的弯路，限速标志、鸣笛标志及禁止超车等标志相配合，会起到更好的警示效果。

3.5.5 陡坡、连续下坡路段标志设置

车辆行驶在坡道路段时，由于重力因素，影响了车辆的正常行驶，坡道路段对载重汽车影响要比小汽车影响更大一些。载重汽车在上陡坡时，会发生爬坡吃力、行驶缓慢，甚至出现机械故障。载重汽车在连续下坡路段，车辆由于长时间的行车制动，极易造成刹车失灵。因此载重汽车在上下坡时，存在不同程度的危险情况，为此，在上下坡路段，应及时、合理地设置警告标志，促使驾驶者采取应对措施，谨慎驾驶，保障行车安全。

（1）陡坡标志。当道路纵坡坡度超过规定值时，应在坡脚及坡顶前适当设置陡坡标志，并可配合辅助标志使用，如标明坡度或者坡长。对于事故易发路段，可设置限速标志或其他相应保障行车安全的禁令标志。陡坡标志设置示例如图3-17所示。

图3-17　陡坡标志设置示例

（2）连续下坡标志。连续两个及两个以上路段，且连续下坡长度超过3km时，应在坡顶前适当位置设置连续下坡标志，并可配合辅助标志使用，即标明坡长或限速标志等。当连续坡长超过3km后，应重复设置。连续下坡的变坡点处，可根据实际需要设置下陡坡标志。连续下坡标志设置示例如图3-18所示。

图3-18　连续下坡标志设置示例

设置陡坡标志及连续下坡的坡度条件参照《道路交通标志和标线　第 2 部分:道路交通标志》(GB 5768.2—2009)中第 18 页表 13。由于陡坡、连续下坡是道路交通事故的多发地之一,对于一些经常发生制动失效的下坡路段也可根据现场实际情况设置陡坡及连续下坡标志。

3.5.6　其他事故易发路段处标志设置

道路沿线途经傍山路段、堤坝路段、横风路段及过水路段等其他危险路段应设置相应的警告标志,并根据实际情况配以禁令标志或辅助标志。

第4章 标线

交通标线是由施画或安装于道路上的各种线条、箭头、文字、图案及立面标记、实体标记、突起路标和轮廓标等所构成的交通设施。它可以与标志配合使用,也可以单独使用。

道路交通标线,按设置方式可分为纵向标线、横向标线和其他标线三类。纵向标线:沿道路行车方向设置的标线;横向标线:与道路行车方向交叉设置的标线;其他标线:字符标记或其他形式标线。

道路交通标线按功能可分为指示标线、禁止标线和警告标线三类。指示标线:指示车行道、行车方向、路面边缘、人行道、停车位、停靠站及减速丘等的标线;禁止标线:告示道路交通的遵行、禁止、限制等特殊规定的标线;警告标线:促使道路使用者了解道路上的特殊情况,提高警觉准备应变防范措施的标线。

4.1 标线设置

农村公路一般正常路段标线设置以纵向标线为主,主要设置可跨越对向车行道分界线(也可称为可跨越道路中心线)、车行道边缘线等。

4.1.1 纵横向路面标线

(1)可跨越对向车行道分界线

路面宽度6m以上的沥青或水泥混凝土路面类型的农村公路,推荐设置道路黄色虚线分隔对向行驶交通流。凡在不能满足会车视距要求的路段以及穿越大桥、隧道、乡、镇、村等路段,应画黄色中心实线,线宽可采用15cm,路面宽度受限制时候可以采用10cm。如图4-1所示。

(2)车行道边缘线

通公交线路及旅游线路的农村公路宜施画车道边缘线。

穿村镇路侧较宽的路段,应设置车道边缘线划分机动车和非机动车行驶界线。

道路边缘线为白色实线,线宽为15cm,在机动车需要跨越的地方边缘线可画白色虚线。线宽15cm,受路面宽度限制时可采用10cm的线宽。如图4-2所示。

(3)人行横道线

设置在行人横过道路较为集中的路段中无过街天桥、地下通道等过街设施时,应施画人行横道线；学校、幼儿园、医院、养老院门前道路没有行人过街设施的，应施画人行横道线。

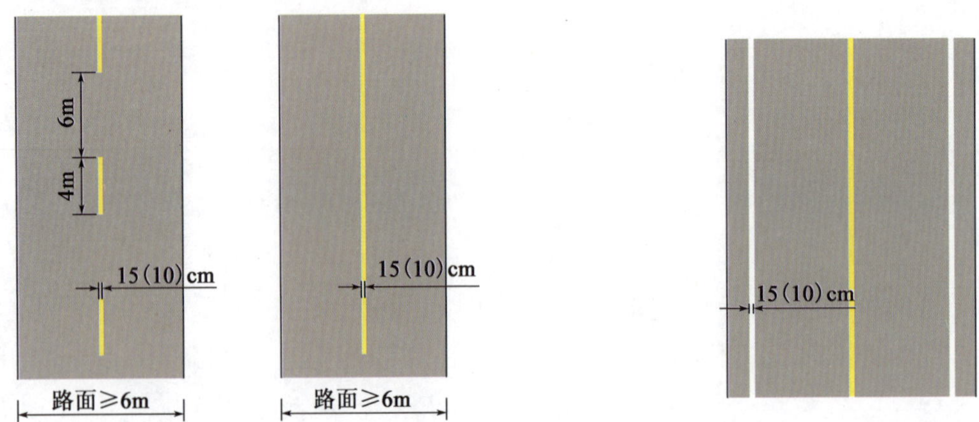

图 4-1　路面宽度大于等于 6m 的标线施画　　　　图 4-2　公交线路及旅游线路标线施画

人行横道线一般与道路中心线垂直，特殊情况下，其与中心线夹角不宜小于 60°（或大于 120°），其条纹应与道路中心线平行；人行横道线的最小宽度为 300cm，并可根据行人交通量以 100cm 为一级加宽。人行横道线的线宽为 40cm 或 45cm，线间隔一般为 60cm，可根据车行道宽度进行调整，但最大不应超过 80cm。如图 4-3 所示。

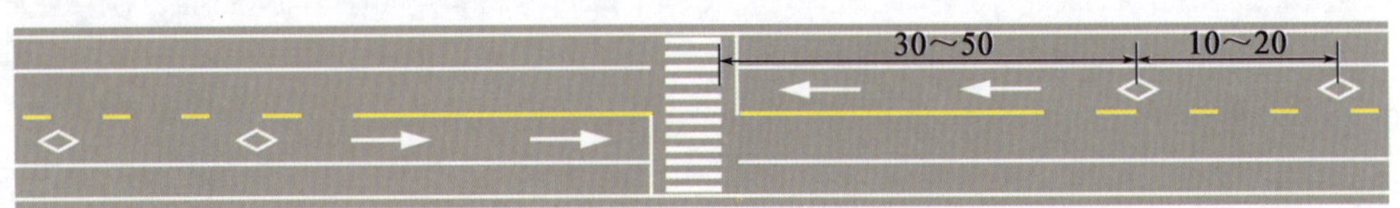

图 4-3　人行横道线设置示例（尺寸单位：m）

4.1.2　立面标记

在跨线桥、渡槽等墩柱或侧面墙面上、隧道洞口宜施画反光立面标记，提醒驾驶员注意在车行道或近旁有高出路面的障碍物，以防止发生碰撞。

立面标记为黄黑相间的倾斜线条，倾角为 45°，线宽及其间隔均为 15cm，设置时应将向下倾斜的一边朝向车行道。如图 4-4 所示。

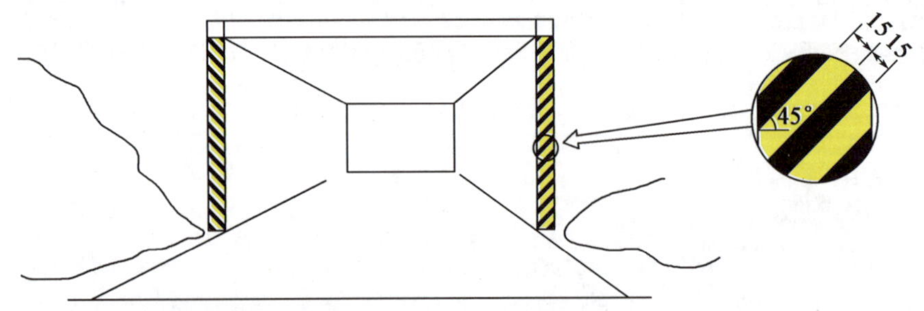

图 4-4　立面标记（尺寸单位：cm）

4.1.3　路面标记

在农村公路中，因受路侧环境限制或从经济角度出发，部分路段可利用路面文字标线来替代或配合路侧标志传递信息，不但能达到管理交通的目的，而且还大幅度降低了造

价,其适用条件如下:

(1)路侧为石方区,无法设置标志或设置标志较困难。

(2)交通量小的路段(交通量大的路段,路面标线易被前方车辆碾压遮盖,影响后方车辆驾驶员认读)。

(3)两轮车、三轮车等农用车辆易发生失稳的现象,而农村公路两轮车、三轮车占有较高比例。因此在车道施画路面文字或图案标识,需采用具有防滑性能的双组分材料的标线,避免工程改造带来新的安全隐患。

4.2　标线材料

农村公路交通标线可采用常温溶剂型和热熔型标线涂料。在年平均日交通量AADT≥400辆的普通公交路线、旅游公路应采用热熔型标线涂料,其他农村公路可采用常温溶剂型标线涂料。

4.2.1　常温溶剂型标线涂料

常温溶剂型标线涂料是我国涂料的传统产品,是一种非耐久性道路标线材料,施工形式主要为喷涂方式,其优点是施工速度快、施工简单方便、造价低等,缺点是耐久性、耐磨性差,玻璃珠黏结效果差,不易实现夜间反光等,主要应用于城市道路及一般公路。

4.2.2　热熔型标线涂料

热熔型反光标线是一种优良的道路标线材料,它比以往我们采用的道路用标线材料(常温溶剂型涂料)具有更大的适用性,其干燥速度极快,耐久耐磨性强,白天色彩分明,夜间反光性好。热熔型标线按照施工方式不同分为三种:刮涂型、喷涂型、振荡型。

热熔刮涂型是目前我国道路标线涂料中应用最多、最广泛的一种道路标线材料,具有施工简单、工艺成熟、耐久性好、施工造价相对较低的优点和裂纹大的缺点。

热熔喷涂型相对热熔刮涂型来说具有裂纹小、防滑性较高、重涂性能好的优点和施工工艺复杂、耐久性差的缺点。

热熔振荡型道路标线涂料是在原有的热熔道路标线涂料的基础上发展起来的一种标线涂料,通过专门特殊的施工机械进行施工,在标线上面间或有规律的凸起块。其优点是具有振荡效果和雨夜反光效果。一般用于事故多发地段,对道路的轮廓认识性较高的场所,起到减速、振动、警示等作用。

4.3　标线设置原则

道路交通标线是保障道路安全运营的基础设施之一。路面标线是引导驾驶员视线、管制驾驶员驾车行为的重要手段,它可以确保车流分道行驶,导流交通行驶方向,指引车辆在汇合或分流前进入合适的车道,加强车辆行驶纪律和秩序。正确设置交通标线能合理地利用公路有效面积,改善车流行驶条件,提高道路通行能力,减少交通事故,保证交通安全。交通标线在为公路使用者提供出行诱导和信息服务方面具有重要的作用,道路畅通与否与交通标线有着密不可分的联系。

在交通标线的布设上应重点考虑以下几个方面:

(1)交通标线的设计,应能正确引导交通、确保车辆分道行驶、合理利用路面有效面积。

(2)交通标线与交通标志,应配合使用,其含义不得相互矛盾。

(3)交通标线所用材料,应具有良好的耐久性、抗滑性、施工方便性和经济性,在白天和晚上均应具有良好的可视性。

(4)路面标线尽管厚度较薄,但仍有一定的阻水作用,因此在设计时应预留排水缝。

标线的设计应按照下列顺序实施:

(1)收集相关的基础资料,如:公路功能、公路等级、设计速度、平纵曲线半径、路基宽度有变化的横断面、降雨量等。

(2)综合考虑公路功能、交通流特征、交通管理需要和材料特点等因素,科学、合理地设置交通标线。

第5章　护栏

按护栏在公路中的纵向设置位置，可分为路基护栏和桥梁护栏；根据碰撞后的变形程度，可分为刚性护栏（主要形式：混凝土护栏）、半刚性护栏（主要形式：波形梁护栏）和柔性护栏（主要形式：缆索护栏）。

5.1　路基护栏

5.1.1　护栏形式

农村公路应综合考虑护栏适用条件、投资成本、养护成本、施工可行性、与周围环境协调等因素选择护栏形式。农村公路常用护栏形式如下：

（1）混凝土护栏；

（2）波形梁护栏；

（3）缆索护栏；

（4）城墙式钢筋混凝土护栏；

（5）护墩；

（6）石垛；

（7）穿村镇路段路宅分离。

5.1.2　混凝土护栏

常用路侧混凝土护栏，按防撞等级可分为A、SB、SA和SS四级。农村公路一般采用A、SB级。混凝土护栏的混凝土强度等级、配筋量和基础设置应通过设计计算确定，混凝土强度等级不应低于C20。

路侧混凝土护栏按构造可分为F型、单坡型、加强型三种。农村公路一般采用F型、单坡型两种，具体应根据路侧危险情况选用。

（1）F型混凝土护栏

F型混凝土护栏构造要求如图5-1所示，且应符合表5-1的规定。

F型混凝土护栏构造要求（单位：cm）　　表5-1

防撞等级	H	H_1	B	B_1	B_2
A	81	55.5	46.4	8.1	5.8
SB	90	64.5	48.3	9	6.8

(2)单坡型混凝土护栏

单坡型混凝土护栏构造要求如图5-2所示,且应满足表5-2的规定。

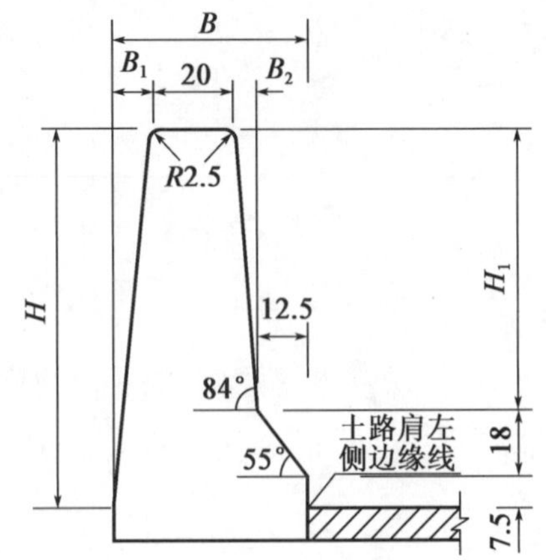

图5-1　F型混凝土护栏(尺寸单位:cm)

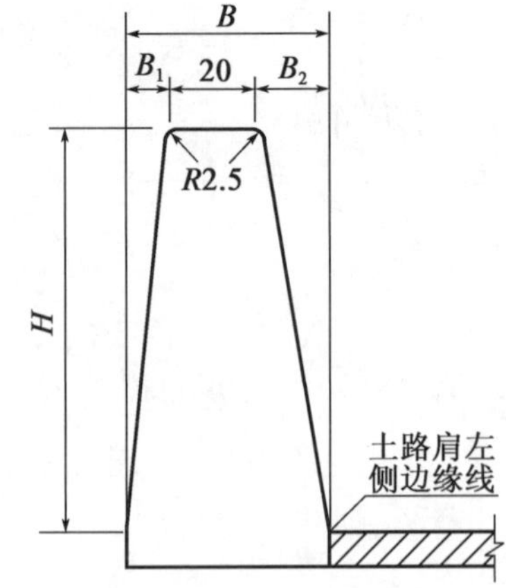

图5-2　单坡型混凝土护栏(尺寸单位:cm)

单坡型混凝土护栏构造要求(单位:cm)　　表5-2

防撞等级	H	B	B_1	B_2
A	81	42.1	8.1	14.0
SB	90	44.5	9	15.5

5.1.3　波形梁护栏

常用路侧波形梁护栏按防撞等级可分为B、A、SB、SA、SS五级。农村公路一般采用B、A、SB级。护栏由波形梁板、立柱、防阻块、端头、紧固件等组成。

波形梁护栏沿公路横断面设置的位置应符合下列规定:

(1)路侧波形梁护栏应位于公路土路肩内,护栏面可与土路肩左侧边缘线或路缘石左侧立面重合,立柱外侧土路肩保护层厚度不应小于25cm。

(2)护栏的任何部分不得侵入公路建筑限界以内。

路侧波形梁护栏的构造应符合下列规定:

(1)B级路侧波形梁护栏由二波波形梁板(310mm×85mm×3mm)、立柱(ϕ114mm×4.5mm)和托架(300mm×70mm×4.5mm)等组成,如图5-3所示。

(2)A级路侧波形梁护栏由二波波形梁板(310mm×85mm×4mm)、立柱(ϕ140mm×4.5mm)和防阻块(196mm×178mm×200mm×4.5mm)等组成,如图5-4所示。

(3)SB级路侧波形梁护栏由三波波形梁板(506mm×85mm×4mm)、立柱(ϕ130mm×130mm×6mm)和防阻块(300mm×200mm×290mm×4.5mm)等组成,如图5-5所示。

图5-3　路侧B级波形梁护栏构造(尺寸单位:cm)

5.1.4　缆索护栏

缆索护栏设置示例如图5-6所示。

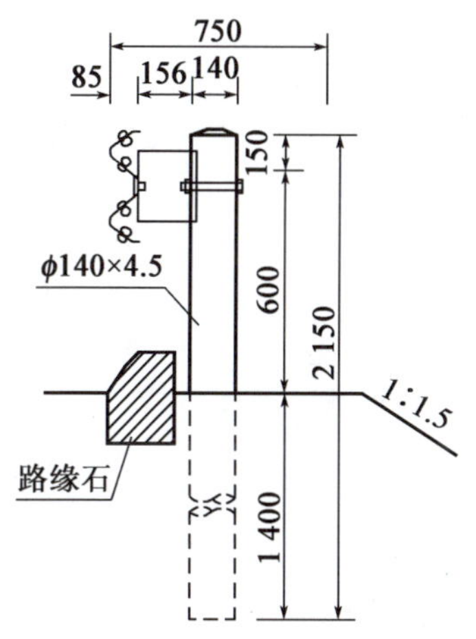

图 5-4　路侧 A 级波形梁护栏构造(尺寸单位:cm)

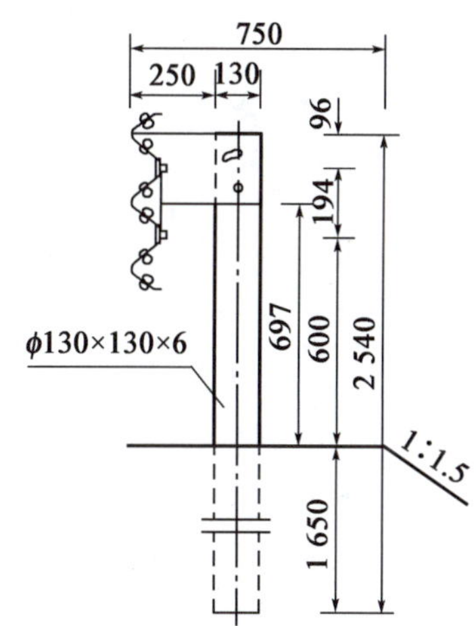

图 5-5　路侧 SB 级波形梁护栏构造(尺寸单位:cm)

图 5-6　缆索护栏设置示例

农村公路一般采用 B 级和 A 级缆索护栏。缆索护栏由端部结构、中间端部结构、中间立柱、托架、缆索和索端锚具等组成。

缆索护栏沿公路横断面设置的位置应符合下列规定:

①路侧缆索护栏应位于公路土路肩内,护栏面可与土路肩左侧边缘线或路缘石左侧立面重合,立柱外侧土路肩保护层厚度不应小于 25cm。

②护栏的任何部分不得侵入公路建筑限界以内。

(1)缆索护栏端部结构

缆索护栏的端部结构由三角形支架、底板和混凝土基础组成。端部结构各部分构造和尺寸应符合表 5-3 的规定。路侧 B 级端部结构图如图 5-7 所示,A 级端部结构图如图 5-8 所示。

缆索护栏端部结构各部分构造和尺寸　　表 5-3

防撞等级	端部立柱				混凝土基础				最下一根缆索的高度(cm)	最大立柱间距(cm)(土中/混凝土中)
	规格(mm × mm)	地面以上高度(cm)	埋入深度(cm)	形式	深度(cm)	长度(cm)	宽度(cm)	体积(m^3)		
B	ϕ168 × 5	100	50	三角形	150	420	70	4.4	43	700/400
A	ϕ194 × 5	113	55	三角形	160	500	70	5.6	43	700/400

(2)缆索护栏中间端部结构

缆索护栏的中间端部结构由一对三角形支架、底板和混凝土基础组成,总长21(12)m,各部分构造和尺寸应符合表5-4的规定。

(3)缆索护栏中间立柱的构造

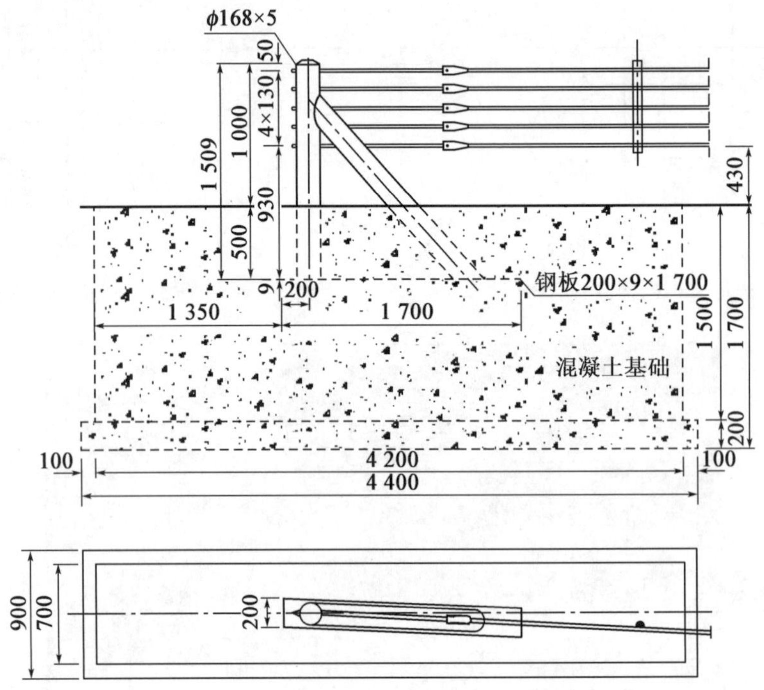

图5-7　路侧B级端部结构图(尺寸单位:mm)

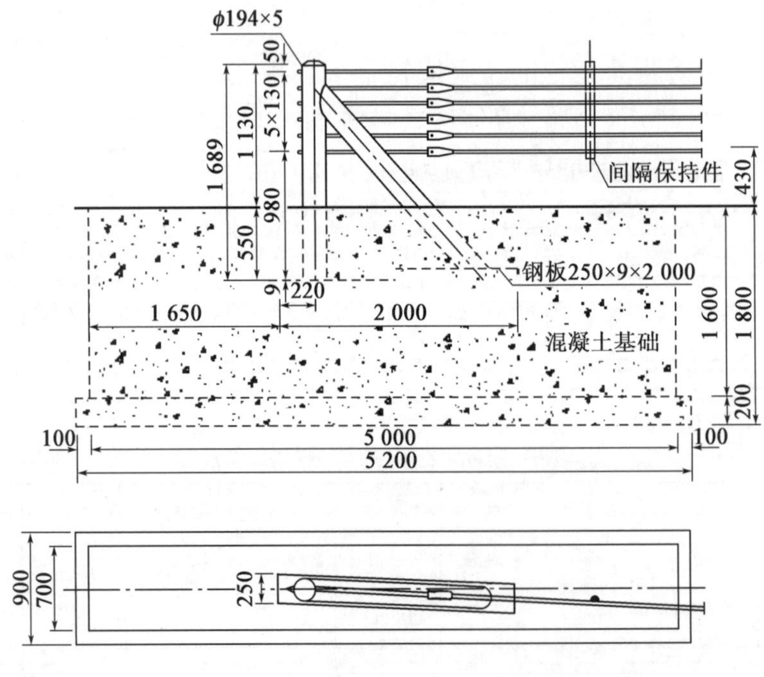

图5-8　路侧A级端部结构图(尺寸单位:mm)

缆索护栏中间立柱的构造和尺寸应符合表5-5的规定。路侧B级缆索护栏中间立柱的构造图如图5-9所示,路侧A级缆索护栏中间立柱的构造图如图5-10所示。

缆索护栏中间端部结构各部分构造和尺寸　　表5-4

防撞等级	端部立柱				混凝土基础				最下一根缆索的高度(cm)	最大立柱间距(cm)(土中/混凝土中)
	规格(mm×mm)	地面以上高度(cm)	埋入深度(cm)	形式	深度(cm)	长度(cm)	宽度(cm)	体积(m^3)		
B	ϕ168×5	100	50	三角形	150	420	70	4.4	43	700/400
A	ϕ194×5	113	55	三角形	180	500	70	6.3	43	700/400

缆索护栏中间立柱的构造和尺寸　　表5-5

防撞等级	中　间　立　柱					最大立柱间距(cm)
	埋置方式	埋入深度(cm)	地面以上高度(cm)	外径(mm)	壁厚(mm)	
B	土中	165	100	ϕ140	4.5	700
	混凝土中	40	100			400
A	土中	165	113	ϕ140	4.5	700
	混凝土中	40	113			400

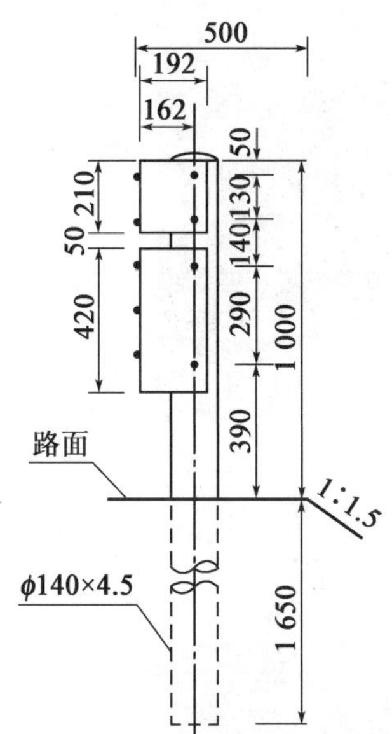

图5-9　B级缆索护栏中间立柱的构造图(尺寸单位:mm)

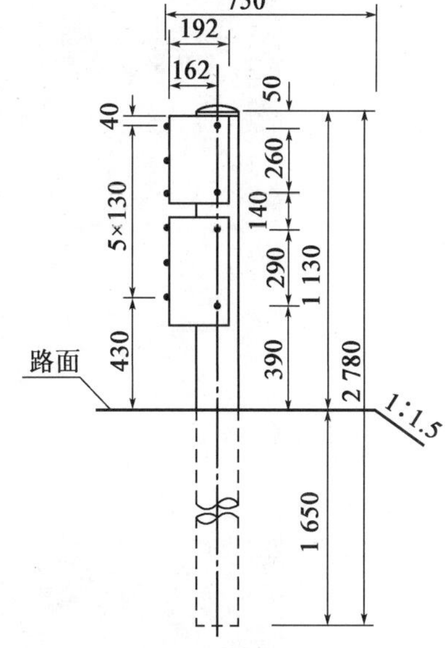

图5-10　A级缆索护栏中间立柱的构造图(尺寸单位:mm)

5.1.5　城墙式钢筋混凝土护栏

城墙式钢筋混凝土护栏的结构图如图5-11所示。

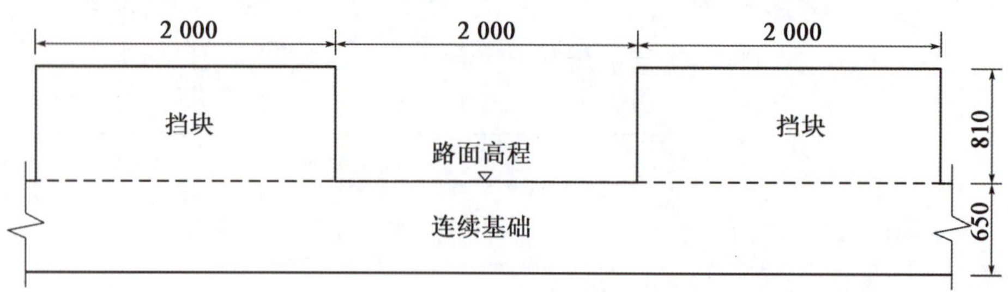

图 5-11　城墙式钢筋混凝土护栏结构图(尺寸单位:mm)

5.1.6　护墩

护墩分为混凝土护墩、石砌护墩等,混凝土护墩宽度一般不小于 30cm,石砌护墩宽度一般不小于 50cm。护墩立面如图 5-12 所示,护墩设置示例如图 5-13 所示。

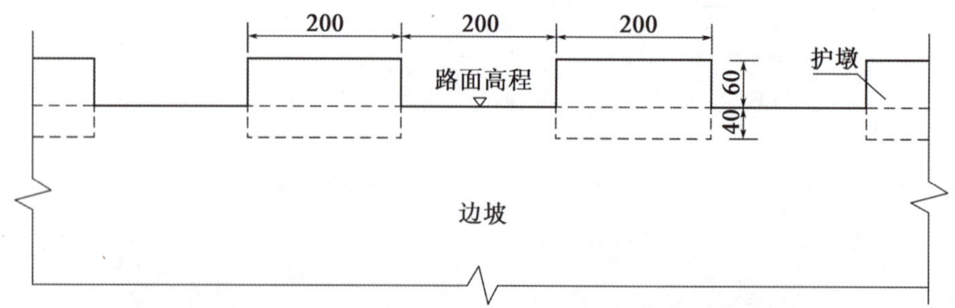

图 5-12　护墩立面图(尺寸单位:cm)

图 5-13　护墩设置示例

5.1.7　石垛

采用浆砌片石做成的石墩子。石垛设置示例如图 5-14 所示。

图 5-14　石垛设置示例

5.1.8　穿村镇路段路宅分离

农村公路经过村镇路段时应采用路宅分离，一般路宅分离墙可设于矩形边沟上，无矩形边沟时可设于土路肩外侧。路宅分离墙可采用浆砌片石或水泥砂浆砌砖，墙顶平台可采用C20混凝土预制。路宅分离构造图如图5-15所示，路宅分离示例如图5-16所示。

村镇路段提倡以适当方式实施“路宅分离”，常用的路宅分离形式有隔离墙、栅栏、护栏、边沟、绿化隔离带等，鼓励采用绿篱、花坛、植草等形式进行绿化、美化。

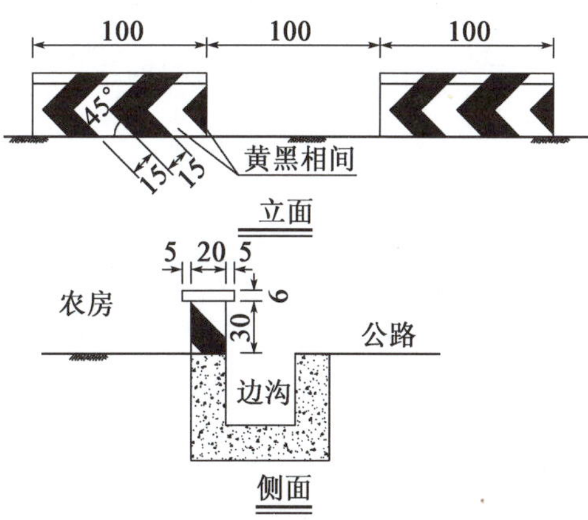

图5-15　路宅分离构造图(尺寸单位:cm)

图5-16　路宅分离示例

5.1.9　护栏防撞等级

根据车辆驶出路外有可能造成的交通事故等级，应按表5-6的规定选取路侧护栏的防撞等级。

路基护栏防撞等级的适用条件　　表5-6

公路等级	设计速度(km/h)	车辆驶出路外或进入对向车道有可能造成的交通事故等级		
		一般事故或重大事故	单车特大事故或二次重大事故	二次特大事故
二级公路	80、60	B	A	SB
三级公路	40、30	B	B	A
四级公路及以下	20及以下	B	B	A

5.1.10　护栏最小设置长度

以常见的混凝土护栏、波形梁护栏、缆索护栏为例，农村公路护栏最小长度应满足表5-7的要求。

农村公路护栏最小设置长度　表 5-7

公路等级	护栏类型	最小长度(m)
二级公路	波形梁护栏	48
	混凝土护栏	24
	缆索护栏	120
三、四级公路	波形梁护栏	28
	混凝土护栏	12
	缆索护栏	120

5.1.11　护栏设计原则

(1)必须设置路侧护栏的情况

凡符合下列情况之一者,必须设置路侧护栏:

①道路边坡坡度 i 和路堤高度 h 在如图 5-17 所示的阴影范围之内的路段。

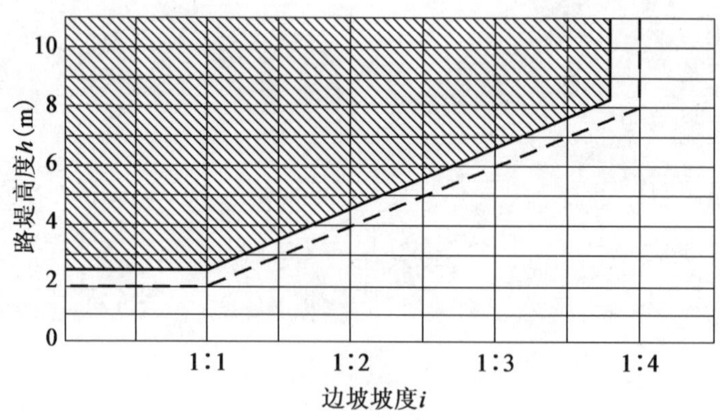

图 5-17　边坡、路堤高度与设置护栏的关系

②桥梁路段及桥梁两端与路基连接部分必须设置路侧护栏,桥梁护栏与路侧护栏必须有效连接。

③与铁路、公路相交,车辆有可能跌落到相交铁路或其他公路上的路段。

(2)应设置路侧护栏的情况

凡符合下列情况之一者,应设置路侧护栏:

①道路边坡坡度 i 和路堤高度 h 在图 5-17 的虚线以上区域内的路段。

②与铁路、公路平行,车辆有可能闯入相邻铁路或其他公路的路段。

③路基宽度发生变化的渐变段。

④曲线半径小于一般最小半径的路段。在急弯或连续急弯,特别是连续下坡路段小半径曲线外侧边坡陡峭、临水、临崖的路段。

⑤直线段的路侧险要路段(路侧为陡崖、深沟、填方边坡高度或路肩挡墙高度 $h \geq 2$m 的路段,或至路肩边缘不足 3m 有湖泊、沟渠、高速公路、铁路的路段等)。

⑥停车区或公共汽车路侧停车处的变速车道区段,交通分、合流的三角地带所包括区段。

⑦其他认为需要设置护栏的地方。

(3)可设置路侧护栏的情况

凡符合下列情况之一者,可设置路侧护栏:

①道路纵坡大于 4% 的下坡路段。

②路面结冰、积雪严重的路段。

③多雾地区。

④隧道入口附近及隧道内需要保障养护人员安全的路段。

5.2　桥梁护栏

5.2.1　护栏形式

农村公路的特大桥、大桥、中桥均采用混凝土护栏,小桥、通道、明涵的护栏防撞等级宜与相邻的路基护栏相同。

5.2.2　护栏防撞等级

根据车辆驶出桥外有可能造成的交通事故等级,按表 5-8 的规定选取桥梁护栏的防撞等级。

桥梁护栏防撞等级的适用条件　　表 5-8

公 路 等 级	设计速度(km/h)	车辆驶出桥外有可能造成的交通事故等级	
		重大事故或特大事故	二次重大事故或二次特大事故
二级公路	80、60	A	SB
三级公路	40、30	B	A
四级公路及以下	20 及以下	B	A

5.2.3　护栏设置原则

农村公路桥梁必须设置路侧护栏。

第6章　其他安全设施

6.1　减速设施

6.1.1　减速标线

车行道减速标线设置于弯道、坡道、长下坡路段及其他需要减速的路段前或路段中的机动车行车道内，分为车行道横向减速标线和车行道纵向减速标线，可用震动标线的形式。

（1）车行道横向减速标线

车行道横向减速标线为一组垂直于车道中心线的白色标线，线宽45cm，线与线间距45cm。车行道横向减速标线的设置间隔应使车辆通过各标线间隔的时间大致相等，以利于行驶速度逐步降低，减速度一般设计为1.8m/s^2，可按表6-1的规定设置。车行道横向减速标线的设置示例如图6-1所示。

车行道横向减速标线的设置参数　　表6-1

减速标线	第二道	第三道	第四道	第五道	第六道	第七道	第八道	第九道	第十道以上
间隔（m）	$L_1=17$	$L_2=20$	$L_3=23$	$L_4=26$	$L_5=28$	$L_6=30$	$L_7=32$	$L_8=32$	32
标线条数（条）	2	2	2	2	2	3	3	3	3

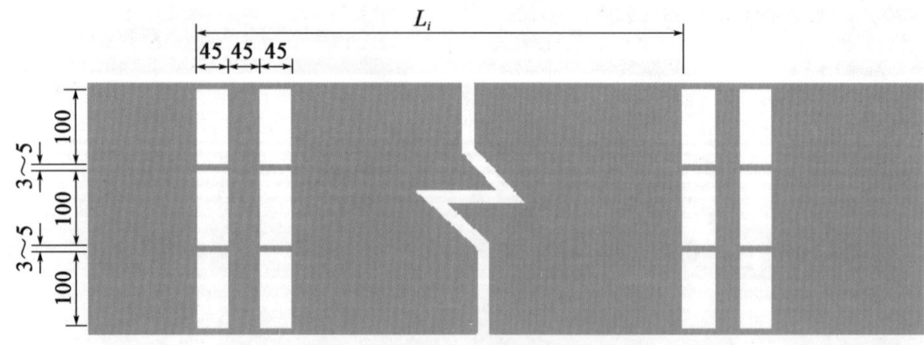

图6-1　车行道横向减速标线（尺寸单位：m）

（2）车行道纵向减速标线

车行道纵向减速标线为一组平行于车行道分界线的菱形块虚线，设于道路或车行道两侧，尺寸如图6-2所示。在车行道纵向减速标线的起始位置，设置30m的渐变段，菱形块虚线由窄变宽,渐变段尺寸如图 6-3 所示。车行道纵向减速标线设置示例如图 6-4 所示。

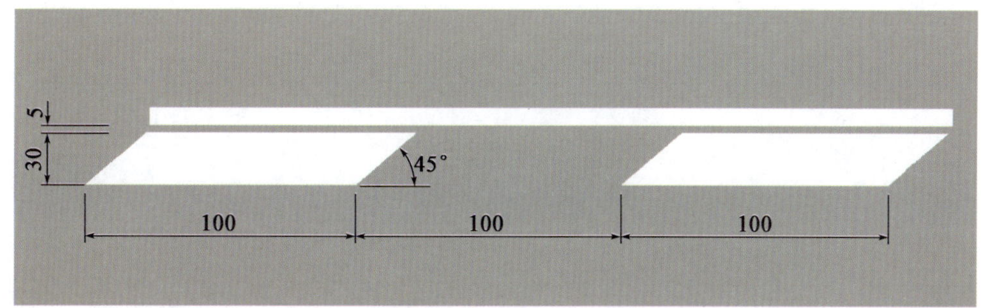

图 6-2　车行道纵向减速标线(尺寸单位:cm)

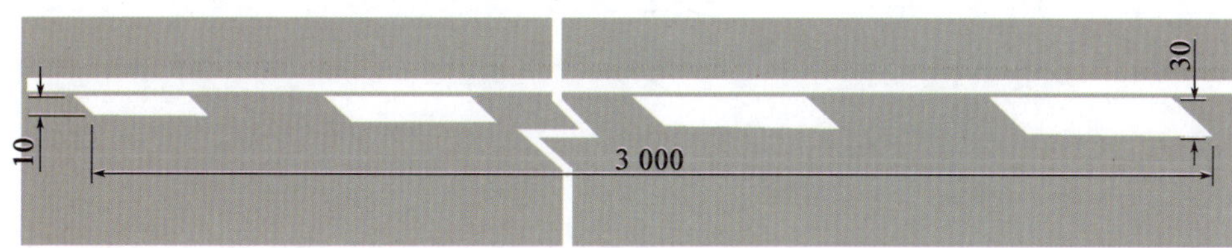

图 6-3　车行道纵向减速标线渐变段(尺寸单位:cm)

图 6-4　车行道纵向减速标线设置示例

6.1.2　减速丘

减速丘是指在路幅宽度范围内较正常路面高度隆起的强制性减速设施,可采用沥青混凝土、水泥混凝土或橡胶等材料制作。其纵断面形式有圆曲线、抛物线或正弦曲线等。减速丘的作用是为了强制车辆减速,避免与其他车辆或行人碰撞,达到预防和减少交通事故的目的。在农村公路中是保护交通环境中弱势参与者的有效措施。减速丘示例如图 6-5 所示。

图 6-5　减速丘示例

减速丘结构尺寸的设计应保证车辆通过减速丘的安全性,同时对减速丘末端接近路缘石的部分进行处理,以利于路面排水。布置减速丘的路段,可根据实际情况设置标志或标线,以提前告知驾驶员。减速丘表面可涂刷反光漆,以引起驾驶员注意。

减速丘断面尺寸如图 6-6 所示。施工时应注意沿公路纵向的减速丘边缘处理,推荐处理方式如图 6-7 所示。

若减速丘设置不当,将会带来如下负面影响:

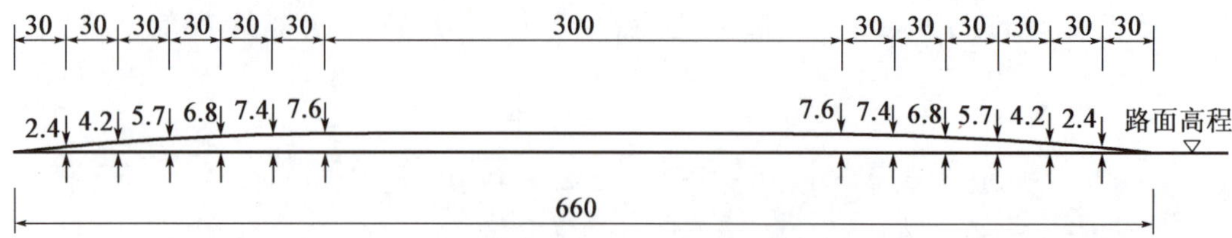

图 6-6 减速丘断面尺寸图(尺寸单位:cm)

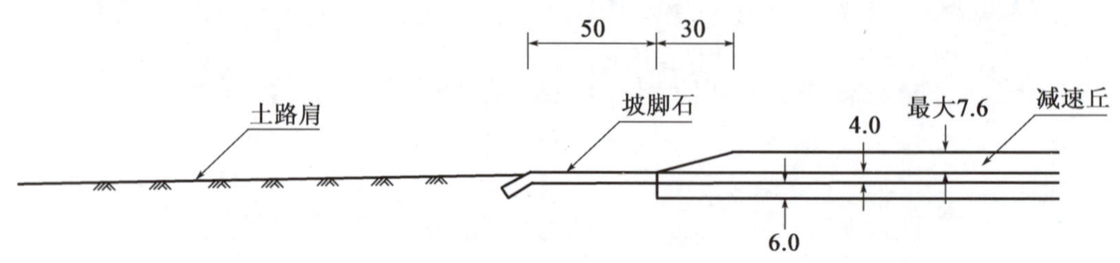

图 6-7 减速丘纵向边缘处理示意图(尺寸单位:cm)

(1)设置过密,驾驶员为了避免颠簸,会绕过减速丘在路的外沿或占据人行道行驶,给过往行人带来严重的安全隐患。

(2)减速丘设置过高,会伤害车辆避震系统或刮坏发动机底壳,严重的会导致翻车,造成车毁人亡的重大事故。

因此,在设置减速丘时,要详细考察设计地点,认真进行减速丘的结构设计,力争做到既让车辆减速,又可避免以上的负面影响。

6.1.3 减速垄

减速垄通常采用橡胶或铸铁材质制成,上面涂有反光材料,减速垄规格采用 500mm × 350mm × 50mm。减速垄示例如图 6-8 所示。

图 6-8 减速垄示例

6.2 视线诱导设施

6.2.1 一般规定

视线诱导设施是指沿车道两侧设置,用以指示道路方向、线形、车行道边界的几种设施的总称。视线诱导设施分为轮廓标、线形诱导标、示警桩。

二级及以下等级公路险要路段应设置轮廓标,在曲线路段可根据线形走向和曲率半径的大小增设一定数量的线形诱导标。

农村公路视线诱导设施材料可就地取材,形式多样。在急弯、陡坡、弯道接直桥、平交口或接入口等容易诱发事故的路段应采用自发光材料或反光材料提高夜间诱导效果,反光膜的等级应为Ⅱ类及以上。

6.2.2 轮廓标

（1）二级及以下等级公路的视距不良路段、设计速度大于或等于 60km/h 的路段、车道数或车道宽度有变化的路段及连续急弯陡坡路段宜设置轮廓标，其他路段视需要可设置轮廓标。

（2）在气候条件恶劣，线形条件差和事故多发地段应设置反光性能高的轮廓标或采用尺寸较大的反射器。

（3）形式选择。轮廓标一般设置在公路的土路肩上或附着在路侧护栏上。轮廓标形式可根据公路是否设置护栏以及所设护栏的形式，选用附着式或柱式轮廓标，隧道壁上附着的轮廓标应双向反光。

（4）轮廓标在公路前进方向左、右侧对称设置。双车道公路上左右两侧的轮廓标都是白色。其设置间隔可按表 6-2 规定选用，也可适当加密。

轮廓标设置间隔 表 6-2

曲线半径（m）	≤89	90 ~ 179	180 ~ 274	275 ~ 374	375 ~ 999	1 000 ~ 1 999	≥2 000
设置间隔（m）	8	12	16	24	32	40	48

（5）轮廓标的设置高度（指反射器的中心线距路面的高度）应为 60 ~ 70cm。各种类型的轮廓标设置高度应大致相同。

（6）轮廓标反射器的安装角度，无论在直线段或在曲线上，应尽可能与驾驶员视线方向垂直。

6.2.3 诱导标

（1）常规诱导标

常规诱导标主要指线性诱导标。在受山体、树木或房屋等阻挡及其他使驾驶员难以明确前方线形走向时，或易发生交通事故的小半径弯道外侧，可视具体情况设置一定数量的线形诱导标，如图 6-9 所示。线形诱导标的颜色规定为：指示性线形诱导标为蓝底白图案，用以提供一般性行驶指示；警告性线形诱导标为红底白图案，可使车辆驾驶人提高警觉，并准备防范应变措施。

线形诱导标的设置数量应根据曲线半径、曲线长度、偏角大小来确定。偏角小于或等于 7°的曲线路段，可在曲线中点位置设一块线形诱导标；偏角大于 7°，曲线较长的弯道，可根据需要设置若干块线形诱导标，并应保证驾驶员在曲线范围内连续看到不少于三块诱导标。

线形诱导标板的下缘至地面的高度应为 120 ~ 200cm，标志板应尽可能垂直于驾驶员的视线。

线形诱导标的基本单元尺寸应符合表 6-3 的规定。图 6-10 是线形诱导标的基本单元，可以单独使用，也可以把几个基本单元组合使用。图6-11是基本单元组合使用图。

图6-9　线性诱导标示例

表6-3

线形诱导标的尺寸

尺　寸　(mm)					
A	*B*	*C*	*D*	*E*	*E*′
220	400	110	200	10	10

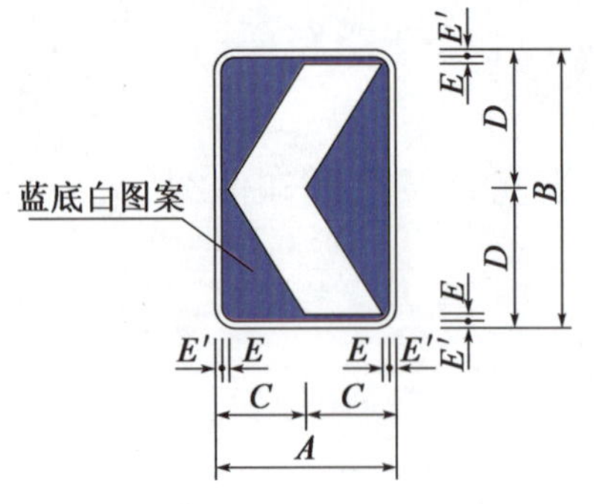

图6-10　基本单元

图6-11　组合使用

(2)非常规诱导标

对有植树绿化需求的路段，路肩树木可以同时作为诱导标，树木通常采用行列对称式的栽植方式，株距一般为4～6m，对树木根部进行刷漆处理。非常规诱导标示例如图6-12所示。

图 6-12　非常规诱导标示例

6.3　示警桩、示警墩、道口标柱

6.3.1　示警桩

未设置护栏的危险路段及桥梁桥头两侧路段，应在路肩外缘埋设示警桩，桩身采用 C25 钢筋混凝土浇筑，直径 15cm，高度 80cm，埋深 40cm，并涂以红白相间的反光漆，反光漆间距 20cm。危险路段设置间距为 2m。示警桩小桥两端每侧二根，中桥两端每侧四根，大桥两端每侧六根，桩间距为 2m。示警桩设置示例如图 6-13 所示。

图 6-13　示警桩设置示例

6.3.2　示警墩

示警墩是设置在路肩挡墙上进行视线诱导的设施，设置条件如示警桩。

6.3.3　道口标柱

设置于公路沿线较小交叉路口两侧，用来提醒主线车辆提高警觉，防范支路车辆突然出现而造成意外。桩身采用 C25 钢筋混凝土浇筑，直径 12cm，并涂以红白相间的反光漆，间距 20cm。

道口标柱一般沿主线方向设置，支线路宽 $L \leqslant 5$m 的路口两侧各设置一根道口桩，

$L>5$m的路口两侧各设置两根道口桩。由支路起第一根道口桩应设置在相交支路转弯半径的切点外4m处。道口标柱布设如图6-14所示。

6.4　凸面反光镜

6.4.1　设置方法

(1)公路用凸面反光镜大小

农村公路上采用镜面直径为600mm、800mm、1000mm的凸面反光镜。

(2)设置位置

①农村公路凸面反光镜一般设置于视距不足的小半径弯道外侧,可配合视线诱导标一起使用。

②反光镜镜面安装角度需顾及车道双方向视距,以行车道双方向均能通过反光镜看到对向车道为准,可现场进行调整。

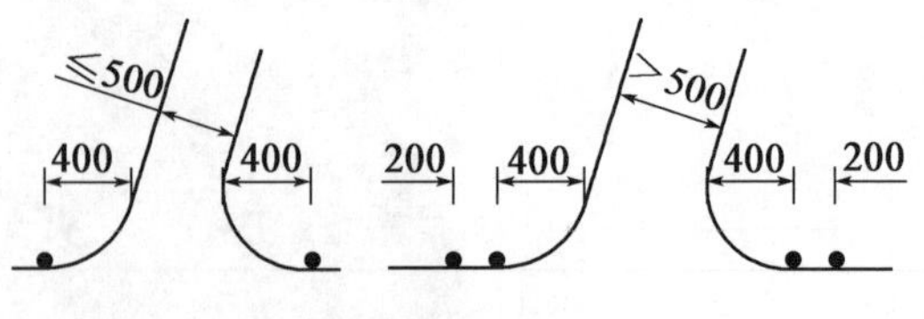

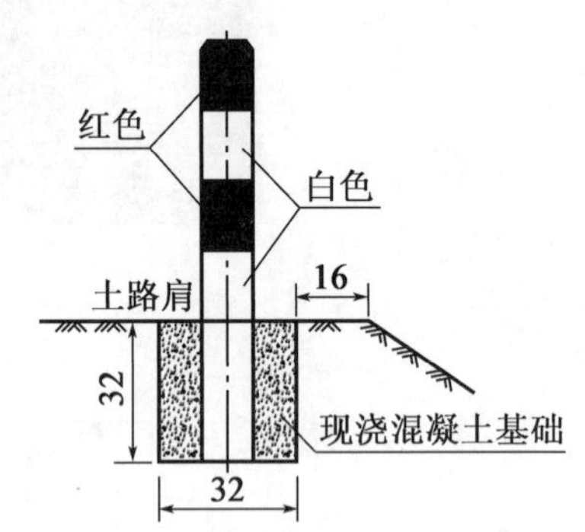

图6-14　道口标柱布设示意图(尺寸单位:cm)

6.4.2　材料

凸面反光镜镜面材料可根据实际情况选用聚碳酸酯树脂(PC)、聚甲基丙烯酸甲酯(亚克力)或不锈钢,镜背材料为玻璃纤维增强材料(玻璃钢),紧固件材料为碳素结构钢,镜面及镜背边缘用橡胶软垫封装。

6.5　限高、限宽设施

6.5.1　一般规定

(1)为了限制超限、超载车辆驶入农村公路,在距农村公路入口处一定距离可设置限宽、限高设施。

(2)限宽、限高设施应和交通标志组合使用,注意考虑美观和环境协调。

6.5.2　类型与材料

(1)限宽、限高设施类型可因地制宜、灵活多样。

(2)限宽设施可设置花坛,植物以灌木为主;限高设施材料宜采用钢管和型钢组合,也可以采用其他材料,所用材料应符合有关规定。

6.5.3　设置要求

(1)限宽、限高设施设置在农村公路交叉入口前30~50m处,同时应设置限宽、限高禁令标志,指路标志等。

(2)限宽、限高设施可按农村公路实际情况需要设置,并应考虑消防的需要。

6.6　隆声带

隆声带是一种安装在公路对向车行道分界线或路肩上凸起或凹槽状的交通安全设施。根据设置方式,隆声带可分为压制隆声带、预成型隆声带、铣刨隆声带、凸起隆声带等。

路肩上设置隆声带时,路肩隆声带的设置位置一般距离车道边缘线外缘10~30cm。隆声带示意图如图6-15所示,隆声带设置示例如图6-16所示。

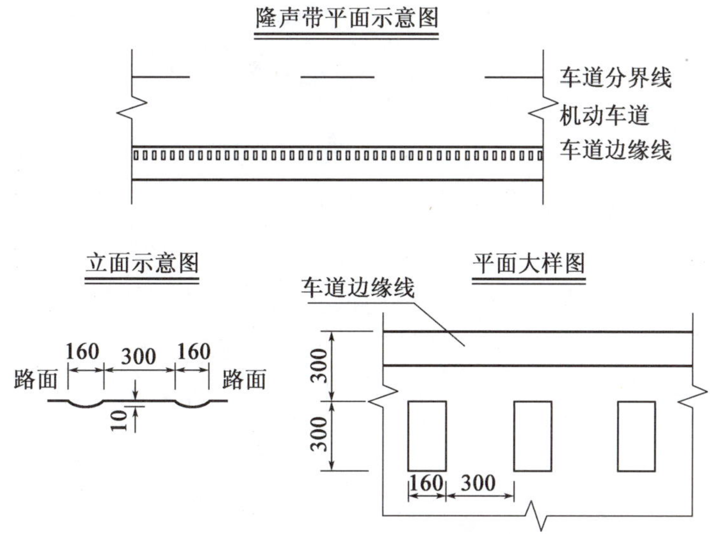

图6-15　隆声带示意图(尺寸单位:mm)

图6-16　隆声带设置示例

第 7 章　交通安全设施施工质量控制与检验

7.1　一般规定

7.1.1　交通安全设施产品须经有资质的检测机构检测，取得合格证，并经工地检验确认满足设计要求后方可使用。

7.1.2　交通安全设施采用钢质材料时，必须进行防腐处理。

7.1.3　构件用螺栓组合时，材料的规格与质量应符合设计要求。

7.1.4　本章未包括的其他交通安全设施工程项目，可根据设计文件和其他相关规范另行制定检验评定标准。

7.2　交通标志

7.2.1　基本要求

(1)交通标志的制作应符合《道路交通标志和标线　第 2 部分：道路交通标志》(GB 5768.2—2009)和《道路交通标志板及支撑件》(GB/T 23827—2009)的规定。

(2)交通标志在运输、安装过程中不应损伤标志面及金属构件的镀层。

(3)标志的位置、数量及安装角度应符合设计要求。

(4)大型标志的地基承载力应符合设计要求。大型标志柱、梁的焊接部分应符合钢结构焊接规范的质量要求，无裂缝、未熔合、夹渣等缺陷。

(5)标志面应平整完好，无起皱、开裂、缺损或凹凸变形，标志面任一处面积为 50cm × 50cm 表面上，不得存在总面积大于 10mm^2 的一个或一个以上气泡。

(6)反光膜应尽可能减少拼接，任何标志的字符不允许拼接，当标志板的长度或宽度、圆形标志的直径小于反光膜产品的最大宽度时，底膜应无拼接缝。当粘贴反光膜不可避免出现接缝时，应按反光膜产品的最大宽度进行拼接。

7.2.2　实测项目

交通标志实测项目见表 7-1。

交通标志实测项目　　表7-1

项次	检 查 项 目	规定值或允许偏差	检查方法和频率	权值
1	标志板外形尺寸(mm)	±5°当边长尺寸大于1.2m时允许偏差为边长的±0.5%;三角形内角应为60°±5°	钢卷尺、万能角尺、卡尺:检查100%	1
	标志底板厚度(mm)	不小于设计值		
2	标志汉字、数字、拉丁字的字体及尺寸(mm)	应符合规定字体,基本字高不小于设计值	字体与标准字体对照,字高用钢卷尺:检查10%	1
3	标志面反光膜等级及逆反射系数(cd.1x-1.m-2)	反光膜等级符合设计。逆反射系数值不低于《道路交通标志板及支撑件》(GB/T 23827—2009)规定	反光膜等级用目测初定。便携式测定仪:检查100%	2
4	标志板下缘至路面净空高度及标志板内缘距路边缘距离(mm)	+100,0	直尺、水平尺或经纬仪:检查100%	1
5	立柱竖直度(mm/m)	±3	垂线、直尺:检查100%	1
6	标志金属构件镀层厚度(um)	标志柱、横梁≥78,紧固件≥50	测厚仪:检查100%	2
7	标志基础尺寸(mm)	-50,+100	钢尺、直尺:检查100%	1
8	基础混凝土强度	在合格标准内	基础施工的同时做试件每处1组(3件):检查100%	1

7.2.3　外观鉴定

(1)标志板安装后应平整,夜间在车灯照射下,标志板底色和字符应清晰明亮、颜色均匀,不应出现明暗不均的现象,不能影响标志的认读。标志板有明显明暗不均现象时每一标志减2分。

(2)标志反光膜采用拼接时,重叠部分不应小于5mm。当采用平接时,其间隙不应超过1mm。距标志板边缘50mm之内,不得有接缝,不符合要求时,每处减2分。

(3)标志金属构件镀层应均匀、颜色一致,不允许有流挂、滴瘤或多余结块,镀件表面应无漏镀、露铁等缺陷。不符合要求时,每一构件减2分。

7.3　路面标线

7.3.1　基本要求

(1)路面标线涂料应符合《路面标线涂料》(JT/T 280—2004)的规定。

(2)路面标线喷涂前应仔细清洁路面,表面应干燥,无起灰现象。

(3)路面标线的颜色、形状和设置位置应符合《道路交通标志和标线 第3部分:道路交通标线》(GB 5768.3—2009)的规定和设计要求。

7.3.2　实测项目

路面标线实测项目见表7-2。

路面标线实测项目　　表7-2

项次	检查项目		规定值或允许偏差(mm)	检查方法和频率	权值
1	标线(mm)	6 000	±50	钢卷尺:抽检10%	1
	线段(mm)	4 000	±40		
	长度(mm)	3 000	±30		
		1 000 ~ 2 000	±20		
2	标线宽度(mm)	400 ~ 450	±15,0	钢尺:抽检10%	1
		150 ~ 200	±8,0		
		100	±5,0		
3	标线厚度(mm)	常温型(0.12 ~ 0.2)	-0.03, +0.10	湿膜用厚度计,干膜用水平尺、塞尺或用卡尺抽检10%	2
		加热型(0.20 ~ 0.4)	-0.05, +0.15		
		热熔型(1.0 ~ 4.50)	-0.10, +0.50		
4	标线横向偏位(mm)		±30	钢卷尺:抽检10%	1
5	标线纵向间距(mm)	9 000	±45	钢卷尺:抽检10%	1
		6 000	±30		
		4 000	±20		
		3 000	±15		
6	标线剥落面积		检查总面积的0 ~ 3%	4倍放大镜:目测检查	1
7	反光标线逆反射系数($cd \cdot lx^{-1} \cdot m^{-2}$)		白色标线≥150 黄色标线≥100	反光标线逆反射系数测量仪:抽检10%	2

7.3.3　外观鉴定

(1)标线施工污染路面应及时清理。每处污染面积不超过10cm^2,不符合要求时,每处减1分。

(2)标线线形应流畅,与道路线形相协调,不允许出现折线,曲线应圆滑。不符合要求时,每处减2分。

(3)反光标线玻璃珠应撒布均匀,附着牢固,反光均匀。不符合要求时,每处减2分。

(4)标线表面不应出现网状裂缝、断裂裂缝、起泡现象。不符合要求时,每处减1分。

7.4　波形梁钢护栏

7.4.1　基本要求

(1)波形梁钢护栏产品应符合《公路波形梁钢护栏》(JT/T 281—2007)及《公路三波形梁钢护栏》(JT/T 457—2007)的规定。

(2)护栏立柱、波形梁、防阻块及托架的安装应符合设计和施工的要求。

(3)为保证护栏的整体强度,路肩和中央分隔带的土基压实度不应小于设计值。达不到压实度要求的路段不应进行护栏立柱打入施工。石方路段和挡土墙上的护栏立柱的埋深及基础处理应符合设计要求。

(4)波形梁护栏的端头处理及与桥梁护栏过渡段的处理应满足设计要求。

7.4.2　实测项目

波形梁钢护栏实测项目见表 7-3。

波形梁钢护栏实测项目　　表 7-3

项次	检 查 项 目	规定值或允许偏差	检查方法和频率	权值
1	波形梁板基底金属厚度(mm)	±0.16	板厚千分尺:抽检 5%	2
2	立柱壁厚(mm)	4.5 ±0.25	测厚仪、千分尺:抽检 5%	2
3	镀(涂)层厚度(um)	符合设计	测厚仪:抽检 10%	2
4	拼接螺栓(45 号钢)抗拉强度(MPa)	≥600	抽样做拉力试验,每批 3 组	1
5	立柱埋入深度	符合设计规定	过程检查,尺量:抽检 10%	1
6	立柱外边缘距路肩边线距离(mm)	±20	尺量:抽检 10%	1
7	立柱中距(mm)	±50	钢卷尺:抽检 10%	1
8	立柱竖直度(mm/m)	±10	垂线、尺量:抽检 10%	2
9	横梁中心高度(mm)	±20	尺量:抽检 10%	2
10	护栏顺直度(mm/m)	±5	拉线、尺量:抽检 10%	2

7.4.3　外观鉴定

(1)焊接钢管的焊缝应平整,无焊渣、突起。构件镀锌层表面应均匀完整、颜色一致,表面具有实用性光滑,不得有流挂、滴瘤或多余结块。镀件表面应无漏镀、露铁、擦痕等缺陷。构件镀铝层表面应连续,不得有明显影响外观质量的熔渣、色泽暗淡及假浸、漏浸等缺陷。构件涂塑层应均匀光滑、连续,无肉眼可分辨的小孔、空间、孔隙、裂缝、脱皮及其他有害缺陷。不符合要求时,每处减 2 分。

(2)直线段护栏不得有明显的凹凸、起伏现象,曲线段护栏应圆滑顺畅,与线形协调一致,中央分隔带开口端头护栏的抛物线形应与设计图相符。不符合要求时,每处减 2 分。

(3)波形梁板搭接应方向正确,搭接平顺,垫圈齐备,螺栓紧固。不符合要求时,每处减2分。

(4)防阻块、托架、端头的安装应与设计图相符,安装到位,不得有明显变形、扭转、倾斜。不符合要求时,每处减2分。

(5)波形梁板和立柱不得现场焊割和钻孔。不符合要求时,每处减2分。

(6)立柱及柱帽应安装牢固,其顶部应无明显塌边、变形,开裂等缺陷。不符合要求时,每处减2分。

7.5 混凝土护栏

7.5.1 基本要求

(1)混凝土所用的水泥、砂、石,水及外掺剂的质量、规格必须符合有关规范的要求,按规定的配合比施工。

(2)混凝土护栏预制块件在吊装、运输、安装过程中,不得断裂。

(3)各混凝土护栏块件之间、护栏与基础之间的连接应符合设计要求。

(4)混凝土护栏块件标准段、混凝土护栏起终点及其他开口处的混凝土护栏块件的几何尺寸应符合设计要求。

(5)混凝土护栏的地基强度、埋入深度应符合设计要求。

(6)混凝土护栏块件的损边、掉角长度每处不得超过20mm,否则应予及时修补。

7.5.2 实测项目

混凝土护栏实测项目见表7-4。

混凝土护栏实测项目 表7-4

项次	检查项目		规定值或允许偏差	检查方法和频率	权值
1	护栏混凝土强度(MPa)		在合格标准内	按《公路工程质量检验评定标准 第一分册 土建工程》(JTG F80/1—2004)中的附录D检查	2
2	地基压实度(%)		符合设计要求	核子密度仪现场检查	1
3	护栏断面尺寸(mm)	高度	±10	尺量:抽检10%	1
		顶宽	±5		
		底宽	±5		
4	基础平整度(mm)		10	水平尺;检查100%	1
5	轴向横向偏位(mm)		±20或符合设计要求	尺量:抽检10%	2
6	基础厚度(mm)		±10% H	过程检查,尺量:检查100%	1

7.5.3 外观鉴定

(1)混凝土护栏块件之间的错位应不大于5mm。不符合要求时,每处减2分。

(2)混凝土护栏外观、色泽应均匀一致,表面的蜂窝麻面、裂缝、脱皮等缺陷面积不应超过该面面积的0.5%，不符合要求时，每超过0.5%减2分；深度应不超过10mm，不符合要求时，每处减2分。

（3）护栏线形应顺适，直线段不允许有明显的凹凸现象，曲线段护栏应圆滑顺畅，与线形协调一致。中央分隔带开口端头护栏尺寸应与设计图相符。不符合要求时，每处减2分。

7.6　缆索护栏

7.6.1　基本要求

（1）缆索性能、缆索直径、单丝直径、构造（3股7芯）、锚具及其镀锌质量应符合设计与施工规范的要求，缆索抗拉强度、镀锌质量须经抽检，合格后方可使用。

（2）张拉前应标定拉力测定计。

（3）立柱埋深不得小于设计值。采用挖埋法施工，立柱埋入土中时，回填土应分层（每层厚度不超过100mm）夯实；立柱埋入混凝土中时，基础混凝土的几何尺寸、强度等应符合设计要求。

（4）立柱壁厚、外径、长度应不小于设计要求。

（5）采用打入法施工时，立柱顶部不应出现明显变形、倾斜、扭曲或卷边等现象。

7.6.2　实测项目

缆索护栏实测项目见表7-5。

缆索护栏实测项目　　表7-5

项次	检查项目	规定值或允许偏差	检查方法和频率	权值
1	缆索直径（mm）	18 ±0.5	卡尺：抽检10%	1
	单丝直径（mm）	$2.86^{+0.10}_{-0.02}$		
2	初张力（kN）	±5%	过程检查，张拉计：抽检10%	2
3	最下一根缆索的高度（mm）	±20	尺量：抽检10%	1
4	立柱壁厚（mm）	±0.10	千分尺：抽检10%	2
5	立柱埋入深度	符合设计要求	过程检查，抽检10%	1
6	立柱竖直度（mm/m）	±10	垂线、尺量：抽检10%	2
7	立柱中距（mm）	±50	尺量：抽检10%	1
8	镀锌层厚度（μm）	立柱≥85	测厚仪：抽检10%	2
		索端锚具≥50		
		紧固件≥50		
		镀锌钢丝≥33		
9	混凝土基础尺寸	符合设计规定	过程检查，尺量：抽检100%	1
10	混凝土强度	在合格标准内	基础施工的同时做试件，每个工作班1组（3件），检查试件的强度，抽检100%	2

7.6.3 外观鉴定

(1)金属构件表面不得有气泡、剥落、漏镀及划痕等表面缺陷。不符合要求时,每处减2分。

(2)直线段护栏应没有明显的凹凸现象,曲线段护栏应圆滑顺畅。不符合要求时,每处减2分。

(3)索端锚具、托架、索夹螺栓应安装到位、固定牢固;托架编号和组合应与缆索护栏的类别相适应;上、下托架位置正确,中央分隔带缆索护栏的托架应两边对称。不符合要求时,每处减2分。

7.7 轮廓标

7.7.1 基本要求

(1)轮廓标产品应符合《轮廓标》(GB/T 24970—2010)的规定。

(2)轮廓标的布设应符合设计及施工规范的要求。

(3)柱式轮廓标的基础混凝土强度、基础尺寸应符合设计要求。

(4)柱式轮廓标应安装牢固,逆反射材料表面应与行车方向垂直,色度性能和光度性能应与设计相符。

7.7.2 实测项目

轮廓标实测项目见表7-6。

轮廓标实测项目 表7-6

项次	检查项目	规定值或允许偏差	检查方法和频率	权值
1	柱式轮廓标尺寸(mm)	三角形断面:底边允许偏差为±5,三角形高允许偏差为±5;柱式轮廓标总长允许偏差为±10	尺量:抽检10%	1
2	安装角度(°)	0~5	花杆、十字架、卷尺、万能角尺:抽检10%	1
3	反射器中心高度(mm)	±20	尺量:抽检10%	1
4	反射器外形尺寸(mm)	±5	卡尺、直尺:抽检10%	2
5	光度性能	在合格标准内	检查检测报告	2

7.7.3 外观鉴定

(1)轮廓标不应有明显的划伤、裂纹、损边、掉角等缺陷。表面应平整光滑,无明显凹痕或变形。不符合要求时,每处减2分。

(2)轮廓标应安装牢固,线形顺畅。不符合要求时,每处减2分。

(3)柱式轮廓标的垂直度不得超过±8mm/m。不符合要求时,每处减1分。

第 8 章　交通安全设施养护

8.0.1　每年应定期检查标志、标线和护栏等安全设施。对发生破损、丢失、磨损的安全设施,应及时更换或增设;对其表面的尘土应及时进行清洗。

8.0.2　对路侧树木、花草,要定期修剪、整形,保证绿化不影响净空、不遮挡标志和行车视距,保障视距通透和交通安全。

8.0.3　每年应定期开展路树刷白等管护工作。

参考文献

[1] 中华人民共和国行业标准. JTG B01—2014 公路工程技术标准[S]. 北京:人民交通出版社股份有限公司,2014.

[2] 中华人民共和国行业推荐性标准. JTG/T D81—2006 公路交通安全设施设计细则[S]. 北京:人民交通出版社,2006.

[3] 中华人民共和国国家标准. GB 5768.2—2009 道路交通标志和标线 第2部分:道路交通标志[S]. 北京:中国标准出版社,2009.

[4] 中华人民共和国国家标准. GB 5768.3—2009 道路交通标志和标线 第3部分:道路交通标线[S]. 北京:中国标准出版社,2009.

[5] 中华人民共和国行业标准. JTG F80/1—2004 公路工程质量检验评定标准 第一册 土建工程[S]. 北京:人民交通出版社,2004.

[6] 中华人民共和国交通运输部. 农村公路安全保障工程实施技术指南(征求意见稿)[R],2013.

[7] 中华人民共和国国家标准. GB/T 23827—2009 道路交通标志板及支撑件[S]. 北京:中国标准出版社,2009.

[8] 中华人民共和国国家标准. GB/T 18833—2012 道路交通反光膜[S]. 北京:中国标准出版社,2013.

[9] 中华人民共和国交通行业标准. JT/T 280—2004 路面标线涂料[S]. 北京:人民交通出版社,2005.

[10] 中华人民共和国交通行业标准. JT/T 281—2007 公路波形梁钢护栏[S]. 北京:人民交通出版社,2007.

[11] 中华人民共和国交通行业标准. JT/T 457—2007 公路三波形梁钢护栏[S]. 北京:人民交通出版社,2007.

[12] 中华人民共和国国家标准. GB/T 24970—2010 轮廓标[S]. 北京:中国标准出版社,2010.